تريندز للبحـــوث والاستشـــارات
TRENDS Research and Advisory

خيارات بايدن في سياسته الخارجية تجاه الصين

د. نذير الدلاعة

اتجاهات استراتيجية (11)
يناير 2022

مركز تريندز للبحوث والاستشارات

يُعد مركز "تريندز للبحوث والاستشارات" مؤسسة بحثية مستقلة، تأسس عام 2014، ويهتم باستشراف المستقبل في جوانبه الاستراتيجية والسياسية والاقتصادية، وتتبع القضايا العالمية المختلفة. كما يهدف المركز إلى تحليل الفرص والتحديات على مختلف الصُّعُد الجيوسياسية الراهنة، وما تحمله من متغيرات محتملة، مع محاولة إيجاد إجابات وتفسيرات علمية وموضوعية من شأنها المساهمة في التأثير في اتجاهات الأحداث مع مراعاة نواحي التحليل والنقد والاستشراف.

ويقدّم المركز، من أجل تحقيق غاياته العلمية، دراسات رصينة ذات أبعاد استشرافية مستقبلية، ويطرح أفضل البدائل الممكنة لمساعدة صنّاع القرار في معرفة التطورات الإقليمية والدولية بشكل أعمق، والاستفادة مما توفره من فرص. كما يقوم المركز برصد الاتجاهات والتغييرات الاستراتيجية والاقتصادية والإقليمية والدولية، والتنبؤ بآثارها المستقبلية، وذلك وفق الضوابط العلمية المتعارف عليها دولياً لدى أعرق مراكز التفكير والبحث العلمي.

المحتويات

ملخص تنفيذي

على الرغم من خطاب الرئيس جو بايدن الحاد والمحموم، فإنه يمتلك خيارات محدودة في سياسته الخارجية تجاه الصين، وليس لديه سياسة خارجية واضحة المعالم بشأنها. حيث تعدُّ سياساته امتداداً لسياسات ترامب؛ لأن اللحظة التاريخية الراهنة ليست لحظته، إنه رهينة للانقسامات المحلية القائمة في واشنطن. ويربط بايدن إعادة بناء البنية التحتية الأمريكية بالتحدي الصيني، ويستحضر مفاهيم الأيديولوجيا واختلاف نظام الحكم مع الصين في وقت يبدو فيه العالم أقل اهتماماً بالأيديولوجيا وهو يواجه جائحة كونية بكل ما يترتب عليها من تكاليف اقتصادية. ويعزو العديد من المراقبين المواجهة الحالية بين الولايات المتحدة الأمريكية والصين إلى عقلية الحرب الباردة. لقد كانت العلاقات الأمريكية ـ الصينية خلال الحرب الباردة في معظم الحالات قائمة على التعاون والمشاركة، غير أن السياسة الخارجية الأمريكية في الوقت الراهن عموماً، وتجاه الصين خصوصاً، تعكس التراجع العام في مكانة الولايات المتحدة الأمريكية في العالم، مع إيمان العديد من السياسيين الأمريكيين في الوقت نفسه بأن الولايات المتحدة الأمريكية هي القوة العظمى الوحيدة التي لن تتراجع أبداً. ترى هذه الورقة أن خيارات بايدن تظل محدودة، في ضوء العوامل المحلية والعالمية التي تحدّد ما يمكن أن تفعله سياسته الخارجية تجاه الصين.

مقدمة

خلال حملة الانتخابات الرئاسية في 2020، تحدى كل من جو بايدن ودونالد ترامب الآخر بشأن من سيكون أكثر صرامة مع الصين، وتناظرا حول تحميل بكين المسؤولية عن كثير من المشاكل التي تواجه الولايات المتحدة، ومنها العجز التجاري الأمريكي، ومصادر جائحة كوفيد-19 وتداعياتها على الاقتصاد الأمريكي، وقضايا حقوق الإنسان، ومجموعة من المسائل الأخرى المثيرة للمواجهة بين كلا البلدين. وقد أكد بايدن أن هدفاً واحداً له الأولوية على أهداف سياسته الخارجية الأخرى؛ هو العمل مع حلفاء واشنطن لكبح جماح الصين[1]. وكتب بايدن، في عدد مارس/إبريل 2020 من مجلة "فورين أفيرز"، مقالاً بعنوان "لماذا على أمريكا أن تقود من جديد: إنقاذ السياسة الخارجية الأمريكية بعد ترامب"، وفيه شدد على "أن على الولايات المتحدة الأمريكية صارمة مع الصين"[2]، وربما يشير خطابه تجاه الصين إلى مجموعة من الخيارات، ولكن في حقيقة الأمر هناك نطاق محدود لما تستطيع الولايات المتحدة القيام به ضد الصين.

---

1. https://www.ft.com/content/e4c7df1a-5048-4cf1-8a2d-c9a2d721ba92

2. Joseph R. Biden, Jr. "Why American Must Lead Again: Rescuing US Foreign Policy After Trump." Joe Biden's Plan to Rescue US Foreign Policy After Trump, *Foreign Affairs* March/April 2020.

تمثل سياسات بايدن وخطابه بشأن الصين جزءاً من خطاب مستطرد Discourse راسخ ومتجذر في ظروف اقتصادية عالمية وفي نقاش مستمر يهدف إلى صياغة السياسات الأمريكية تجاه الصين. ويتسم هذا الخطاب بمركزية الولايات المتحدة الأمريكية واحتكارها فيه بوصفها القوة العظمى الوحيدة، فعقب انهيار الاتحاد السوفيتي - كما يقول مايكل كوكس - كانت الحالة المزاجية منتعشة لدرجة أن العديد من الكُتّاب بدؤوا يتحدثون عن الولايات المتحدة باعتبارها "روما الجديدة على نهر بوتوماك"، ووُصفت أيضاً بأنها "إمبراطورية" حديثة تتمتع بالامتداد العالمي، و"فائض غير محدود من القوة الناعمة، وآلة عسكرية ضخمة تماثل قوتها الناعمة". ورأى بعضهم أن الولايات المتحدة الأمريكية أصبحت أعظم قوة في التاريخ تتصف بخاصية مميزة لا يمكن إنكارها – على عكس سابقاتها من الرومان إلى البريطانيين – وهي أنها لن تنحسر أبداً[3].

خيارات بايدن محدودة في سياسته تجاه الصين لأن اللحظة التاريخية الراهنة لا يمكن وصفها بأنها لحظته، فثمة مزيج معقّد من العوامل المحلية والدولية التي توجّه سياسته الخارجية بشأن الصين. ويوضح الجزء الثالث

3. Michael Cox captures this turn-of-the-century mood in the United States in Michael Cox, "Whatever Happened to American Decline? International Relations and the New United States Hegemony." *New Political Economy*, 6(3), 2001, pp.311–40. Cited in Michael Cox. "Power Shifts, Economic Change and the Decline of the West?" *International Relations* 26(4), 2012, pp. 369–388, p. 370.

من هذه الدراسة أن لدى بايدن خيارات أقل ممّا كان لدى الإدارات السابقة، خصوصاً إدارة ترامب. ويتمثل الأساس المنطقي لهذه الحجة في أن نهج بايدن لا يستند إلى ماهية الصين في الواقع، بل إلى ما يجب أن تكون عليه الصين. وربما يكون هذا هو الاختلاف الوحيد بين سياسة ترامب وسياسة بايدن الخارجية تجاه الصين. فقد كان ترامب يريد أن تقدم الصين التنازلات المالية، في حين يريد بايدن أن تتغير الصين وخاصة طبيعة النظام الحاكم فيها. ومع ذلك، فإن محاولة بايدن استحضار "الاختلافات الأيديولوجية" لمواجهة الصين تظل مجرد كلام خطابي، حيث أثبتت حرب ترامب التجارية أن القضايا العالمية الملحّة تبقى ذات طبيعة اقتصادية، وقد جاءت جائحة كوفيد-19 لتؤكد هذه الحقيقة، ولم يكن للدول أو الأمم أن تطرح حلولاً أيديولوجية لمكافحة الجائحة[4].

تقول الحجة الأساسية لهذا البحث أنه لن تحدث مواجهة واسعة النطاق بين إدارة بايدن والصين؛ فعلى الرغم من الخطاب الحاد الصادر عن الإدارة الأمريكية، وبرغم جهود بايدن لحشد حلفاء الولايات المتحدة الأمريكية لمواجهة الصين، الا أن قنوات الحوار المفتوح والتعاون بين البلدين ستبقى

---

4.   يدرس مايكل هانت كيف كان لدى الولايات المتحدة الأمريكية، منذ الاتصال المبكر بينها وبين الصين في أواخر القرن التاسع عشر، تصوُّر وطني بتحويل الصين وتغييرها. انظر:

Michael Hunt. *The making of a special relationship: The United States and China to 1914*. New York: Columbia University Press, 1983.

قائمة، حيث التقى الرئيسان الأمريكي والصيني في قمة افتراضية مباشرة في الخامس عشر من نوفمبر 2021، وهذا هو الاجتماع الأول وجهاً لوجه منذ تولي بايدن منصبه في يناير الماضي، باستثناء اتصال هاتفي كان قد جمع بين الاثنين في السابق، وأتت هذه القمة عقب الإعلان المفاجئ من الدولتين عن التوصل الى إعلان مشترك حول تعزيز التحرك حيال المناخ في قمة غلاسكو "كوب 26".

ينقسم هذا البحث إلى ثلاثة أجزاء؛ يتناول الجزء **الأول** العلاقات بين الولايات المتحدة الأمريكية والصين في إطار خطاب "الصعود الصيني" ونظريات "التهديد الصيني"، ويتناول كيف أسهمت الدراسات الأكاديمية في نشر هذا الخطاب، وكيف ساعد الباحثون الصينيون في إدامته من خلال الإصرار المتكرر على براءة الصين؛ ما ساعد في نشوء عقلية تنمُّرية في السياسة الأمريكية تجاه الصين. ويفحص الجزء الثاني كيف ساعدت سياسات ترامب تجاه الصين في إيجاد الأخيرة فرصاً لإبراز قوتها الاقتصادية العالمية من خلال فرض رسوم جمركية مساوية لما فرضته عليها واشنطن. وفي الوقت نفسه، أوجدت سابقة في العلاقة بين البلدين وبالتالي أسست منهجية لبكين للتعامل مع إدارة بايدن وسياساتها. ويتناول الجزء **الثالث** الخيارات المتاحة لسياسة بايدن الخارجية وفيه ترى الدراسة أن خيارات بايدن، وخاصة العسكرية، تبقى محدودة بالإضافة الى حاجة الولايات المتحدة الماسة للتعاون مع الصين في كثير من القضايا الدولية، ومنها التغير المناخي.

الخطاب الاستطرادي

خلال اجتماع سانيلاندز بين الرئيسين باراك أوباما وشي جينبينغ في يونيو 2013، كان أوباما متفائلاً بشأن ما تعلّمه حول علاقة بلاده مع الصين خلال السنوات الأربع الأولى من رئاسته، حيث صرّح بأن "كلاً من الشعبين الصيني والأمريكي يرغب في علاقة تعاونية قوية"[5]، وأكد على أن "من مصلحتنا أن نعمل معاً للتصدي للتحديات العالمية التي نواجهها"، وقال "إنني أتطلع بشدة إلى أن يشكّل هذا أساساً قوياً لنموذج من التعاون الجديد الذي يمكن أن نرسّخه خلال السنوات المقبلة"[6]. وكتب ريتشارد بوش أن الغرض من اجتماع سانيلاندز لم يكن الاتفاق على حل مشاكل معينة، بل كان "وضع معايير وخلق شعور بالمصير المشترك بين الرئيسين من خلال السماح لباراك أوباما وشي جينبينغ بإقامة علاقة شخصية جيدة؛ وهو شرط مسبق للنجاح في إدارة علاقاتهما الثنائية"[7].

---

5. The White House, "Remarks by President Obama and President Xi Jinping of the People's Republic of China Before Bilateral Meeting," Press release, June 7, 2013, http://www.whitehouse.gov/the-pressoffice/2013/06/07/remarks-president-obamaandpresident-xi-jinping peoples-republic-china-.

6. Ibid.

7. يشير ريتشارد بوش إلى القمة التي عُقدت في سانيلاندز بكاليفورنيا بين الرئيس أوباما ونظيره الرئيس الصيني شي جينبينغ، وحقق فيها الجانبان بعض التقدم بشأن تغير المناخ، حيث وقّعا اتفاقية للتعاون في القضاء على غازات الهيدروفلوروكربون، وأُحيلت قضية القرصنة الإلكترونية إلى الحوار الاستراتيجي والاقتصادي، حيث عانت القضايا عموماً احتضاراً بطيئاً ومؤلماً، دون أن تموت فعلياً. انظر:

وكان تبشير أوباما بالتحرك نحو علاقات جيدة قائماً على تحركات دبلوماسية سابقة، منها زيارة قام بها شي جينبينغ، نائب الرئيس آنذاك، إلى واشنطن طرح خلالها إمكانية إقامة نوع جديد من الشراكة بين الدول الكبرى في القرن الحادي والعشرين[8]. وفي الرابع من مايو 2012، أعلن الرئيس الصيني آنذاك هو جينتاو عن "نوع الجديد من علاقات القوى العظمى"، وذلك في الجلسة الافتتاحية الرابعة من الحوار الاستراتيجي-الاقتصادي بين الولايات المتحدة والصين. وجاءت الدعوة الصينية إلى "علاقات القوى العظمى" في ظروف كانت تلقي بها نظريات "صعود الصين" و"تهديد الصين" بظلالهما على قوة الصين الاقتصادية وتزايد حضورها الدولي. ولتفادي المواجهة مع الولايات المتحدة الأمريكية، سعت الصين باستمرار إلى الاعتماد على ما يُعرف باسم "تجنُّب جذب الانتباه"، وهذه سمة متجذِّرة في السياسة الخارجية الصينية[9]، والتي ساعدت الصين على

Richard Bush. 'Barack Obama and China's Xi Jinping to Meet in California,' *Brookings*, May 21, 2013. Barack Obama and China's Xi Jinping to Meet in California (brookings.edu). Richard Bush. 'Obama and Xi at Sunnylands: A good Start,' *Brookings*, June 10, 2013. See also, Elizabeth C. Economy. 'The Xi-Obama Summit: As Good as Expected—and Maybe Even Better,' *The Diplomat*, June 11, 2013.

8. Howard Schneider, "Xi calls for stronger trade relationship between China and US," *The Washington Post*, February 15, 2012, http://www.washingtonpost. com/business/economy/chinas-xijinping-addresses-business-policyleaders/2012/02/15/gIQArGctFR_story.html.

9. تبناها دنغ شياو بينغ خلال الفترة 1990-1991، "واستمرت لأكثر من عقدين بتأييد من الأغلبية في الصين، وحتى بعد أن غيّر شي جين بينغ استراتيجية السياسة الخارجية الصينية رسمياً من تجنّب

تحقيق فترة من التنمية الاقتصادية الخالية من الضغوط الخارجية؛ مما زاد من اندماجها في النظام الاقتصادي العالمي. وساعدت سياسة "تجنُّب جذب الانتباه"، تلقائياً، على ظهور نمط من الكتابة عن العلاقات الأمريكية-الصينية أصبحت فيه مركزية النقاش حول دور الولايات المتحدة الأمريكية كقوة عظمى منفردة. في ظل ذلك توارى دور الصين، أو صوتها، تحت وقْع ما تعدُّه الولايات المتحدة الأمريكية صواباً أو خطأً في علاقتها مع بكين وبروز جدل عالمي حول "صعود الصين" و"الصين الصاعدة" ... إلخ، وما شابه ذلك من النعوت التي حفلت بها الدراسات حول الصين.

وقعت الصين ضحية هذا الجدل من خلال الكتابات المتزايدة الساعية إلى تبرير التنمية الاقتصادية الصينية المتزايدة والدفاع عن الصين ضد نظريات "التهديد الصيني"[10]. مع ذلك، وبرغم أن الصين اعتمدت تجنُّب جذب

لفت الانتباه إلى السعي لتحقيق الإنجاز، مازال يوجد تأييد قوي للتمسك باستراتيجية تجنُّب لفت الانتباه". انظر:

Yan Xuetong. 'From Keeping a Low Profile to Striving for Achievement,' *The Chinese Journal of International Politics*, 2014, 153–184 doi: 10.1093/cjip/pou027. P. 155.

10. تتوافر أدبيات كثيرة عن صعود الصين. انظر:

Christopher R. Hughes, *Chinese Nationalism in the Global Era* (Abingdon: Routledge, 2006, Kindle edn.), locs. 3042-3201; Bonnie S. Glaser and Evan S. Medeiros, 'The Changing Ecology of Foreign Policy-Making in China: The Ascension and Demise of the Theory of "Peaceful Rise," *The China Quarterly*, No. 190 (2007), pp.291–310; Montgomery, E. B. (2014). 'Contested Primacy in the Western Pacific: China's rise and the future of US power projection.' *International Security*, 38(4), pp.115–149. Toje, A.

الانتباه كاستراتيجية في سياستها الخارجية[11]، فإن أستاذ العلاقات الدولية "يان شوي تونغ" يرى أنها "لم تمنع الولايات المتحدة الأمريكية من استهداف الصين بوصفها منافساً استراتيجياً رئيسياً"[12]. ومن ثم، فإن منطلق التحليل لموقف إدارة بايدن تجاه الصين لا يمكن أن يتفادى خطاب "صعود الصين" وما انطوى عليه من دلالات معادية[13]. وبقي خطاب تشويه

Will China's rise be peaceful? Security, stability, and legitimacy. (New York: Oxford University Press, 2018).

11. See, He Zongqiang, 'Wo waijiao xin zhexue: shijie tiaozheng youli Zhongguo taoguangyanghui ying jiangchi' ('Our New Diplomatic Philosophy: The World Adjustment Favorable to China We Should Adhere to Keeping a Low Profile), 21 shiji huanqiu baodao (Global Report in the 21st Century), January 2, 2003, http://news.sohu.com/73/53/news205415373.shtml; Xing Yue and Zhang Jibing, '"Taoguanyanghui" zhanlue zai sikao - jianlun ruhe shuli Zhongguo de guoji xingxiang' ('Rethinking the Strategy of "Keeping a Low Profile" - How to Establish a Good International Image for China,') Guoji guancha, *International Observation*, No. 6, (2006), pp. 13–19.

12. Yan Xuetong. "From Keeping a Low Profile to Striving for Achievement," pp.156.

13. قدّم ميرشايمر (2006) رأياً صريحاً يقول إن صعود الصين لن يكون سلمياً. وإذا استمر النمو الاقتصادي الصيني المدهش خلال العقود القليلة المقبلة، من المرجح أن تدخل الولايات المتحدة الأمريكية والصين في تنافس أمني عميق يُنذر باحتمال نشوب حرب (,Mearsheimer, 2006 p.160). ويؤكد ميرشايمر أن الولايات المتحدة الأمريكية لن تتسامح مع منافسين أقران. إن الولايات المتحدة الأمريكية مصممة على أن تبقى القوة الإقليمية المهيمنة الوحيدة في العالم وسوف تسعى إلى كبح الصين وإضعافها في النهاية إلى أن تصبح غير قادرة على الهيمنة على آسيا (Mearsheimer & Brzezinski, 2005, pp.24). ويقول كيرشنر (2010) إن منظور ميرشايمر الهجومي الواقعي خطأ وخطير. انظر:

Kirshner, J., The tragedy of offensive realism: Classical realism and the rise of China. *European Journal of International Relations*, 18 (1), 2010, pp.53-75. Mearsheimer, J.,

سمعة الصين يُملي طبيعة العلاقات الأمريكية-الصينية؛ ما يضع الصين داخل منظومة من السرديات ويصنفها ضمن إطار الاختلاف، ويجعلها عدواً منشوداً للولايات المتحدة الأمريكية؛ عدواً لا حق له في الرد. ولعل أحد التغييرات الحيوية في هذا الخطاب هو قدرة الصين واستعدادها للانخراط في سرديات مضادة، حيث عملت الحكومة والمؤسسات الصينية على الدخول في معركة سرديات مع الولايات المتحدة الأمريكية، خصوصاً في ظل إدارة ترامب. وهذه اللعبة الصفرية من السرديات والسرديات المضادة بين البلدين، خصوصاً السردية الأمريكية التي تصور الصين كقوة رافضة للوضع الدولي القائم ودولة لا تتعامل وفقاً للقواعد الدولية، أدت إلى تصاعد التوترات[14]. وما يميز حقبة بايدن الحالية فيما يتعلق بالصين هو احتدام معارك السرديات. غير أن الصين، التي كانت تخوض "مباراة السرديات" خلال إدارة ترامب، أصبحت مسلحة جيداً بالردود والنفوذ، حيث كانت مصطلحات وصف الصين جزءاً من سياسة الولايات المتحدة لتأطير الصين

2001. *The Tragedy of Power Politics*. New York: W. W. Norton; Mearsheimer, J., 2006. 'China's Unpeaceful Rise.' *Current History*, 105 (690); Mearsheimer, J., 2010 'The Gathering Storm: China's Challenge to US Power in Asia.' *The Chinese Journal of International Politics*, Vol. 3, pp.381-396.

14. Zuo Xiying. "The Trump Effect: China's New Thoughts on the United States," *The Washington Quarterly*, 44:1, 107-127, (2021), p. 109. DOI: 10.1080/0163660X.2021.1893515.

ووضعها في عملية مستمرة من التشهير بها؛ الأمر الذي دمّر الكثير من هيكل العلاقات الدولية بين الجانبين.

منذ بداية العقد الأول من القرن الحادي والعشرين، تم دراسة العلاقات الصينية-الأمريكية في سياق "الصين الصاعدة". وبالنسبة لهذا التحليل، أتقبّل المفهوم الوارد عن "الصعود" على مضض. ولكن رغم محدودية المساحة المتاحة للدفاع عن أطروحتي في هذه الورقة، أؤكّد أن المفهوم الأكثر تضليلاً وإيذاءً للعلاقات بين الولايات المتحدة الأمريكية والصين هو مفهوم صعود الصين من دون تحديد كافٍ لفكرة "الصعود". وكان بروز الصين، أو عودتها إلى البروز، كقوة اقتصادية قد دفع المنظّرين إلى التأكيد على حتمية نشوب حرب أو نزاع بين الولايات المتحدة الأمريكية والصين. غير أن صعود الصين، بوصفه تهديداً، أعتبره راسخاً في نظريات موروثة من علاقات دولية معينة، حيث قامت العولمة والترابط العالمي على منطق الأهداف المؤسسية الغربية، مثل مؤتمر برلين في 1884-1885. وقد توقع العديد من الباحثين، في دراستهم لـ "صعود الصين"، أن تصبح الصين أكثر عدوانية مع تراكم المزيد من قدراتها العسكرية والمادية[15]. وثمة فكرة غربية أساسية ترى أن العلاقات الدولية لابدّ أن تنتهي إلى حروب استغلال. ومع ذلك، وكما

---

15. توجد قائمة مفصلة لكتابات هؤلاء الباحثين في:

M. Taylor Fravel. "International Relations Theory and China's Rise: Assessing China's Potential for Territorial Expansion," *International Studies Review*, 12, 505–532, (2010), do i:10.1111/j.1468-2486.2010.00958.

كتب إم تيلور فرافيل (2010)، تقرّ بحوث أخرى في العلاقات الدولية بأهمية النوايا الرافضة للوضع الراهن في مراحل انتقالات القوى، وتشير هذه البحوث إلى أن بعض الانتقالات كانت سلمية، مثل الانتقال بين الولايات المتحدة الأمريكية والمملكة المتحدة في أواخر القرن التاسع عشر. واتّبعت الصين سياسات خارجية متسقة مع الوضع الراهن وليس وفقاً لنوايا رافضة للوضع الراهن[16].

منذ أطروحة فرافيل عام 2010، أصبح النقاش حول الصين ذا أبعاد عسكرية على نحو مطرد. وخير مثال على "دعاة الحرب من المفكرين" مؤلفو كتاب "الصين العالمية: تقييم دور الصين المتنامي في العالم" الذي أصدره معهد بروكينغز مؤخراً كجزء من مشروع ينفذه باحثو المعهد خلال عامين[17]. ففي هذا الكتاب تعرض الفقرة الثانية في مقدمة الكتاب بُعداً عسكرياً، حيث تقول: إن "استخدام الصين للقوة ضد الجنود الهنود خلال

---

16. M. Taylor Fravel. "International Relations Theory and China's Rise: Assessing China's Potential for Territorial Expansion," p. 506.

17. المقولة التي يقدمها معهد بروكينغز هي أن الصين لم تعد قوة "صاعدة" فحسب، بل أصبحت لاعباً عالمياً حقيقياً من الناحيتين الاقتصادية والعسكرية، وتؤثر تصرفاتها اليومية في كل منطقة وكل قضية رئيسية تقريباً. ولمواجهة تداعيات وضع الصين الجديد بطريقة أفضل، بالنسبة لكل من السياسة الأمريكية والنظام الدولي الأوسع، أجرى باحثو معهد بروكينغز بحوثاً على مدار عامين تُوّجت بإصدار كتاب محرّر جديد عن مطبعة معهد بروكينغز (22 يونيو 2021) تحت عنوان:

Global China: Assessing China's Growing Role in the World, editors, Tarun Chhabra, Rush Doshi, Ryan Hass, Emilie Kimball.

نزاع حدودي في عام 2020 يطرح الاحتمال بأنها قد تفعل ذلك ضد حلفاء أمريكا وشركائها الآخرين بأساليب قد تستدعي تنفيذ الالتزامات الأمنية الأمريكية، الأمر الذي يحتمل أن يشعل نزاعاً إقليمياً أوسع". ويستند هذا الكتاب إلى فرضية أن الصين قد انتقلت قُدُماً من حالة "الصعود"، ومن ثم فإنها تمثل تهديداً مباشراً للولايات المتحدة الأمريكية والنظام الدولي[18].

كتب باري بوزان ومايكل كوكس[19] مقالاً مهماً بحثا فيه "صعود الصين"، حيث قالا إن "صعود الصين يحدث الآن؛ ولذا فإن لنجاحه أو فشله أهمية هائلة بالنسبة للسياسة العالمية المعاصرة" (ص111). ويلخص الكاتبان علاقات الصين مع العالم بمقاييس العلاقات "الدافئة" والعلاقات "الباردة"، مؤكدَيْن أن علاقات الصين مع الولايات المتحدة الأمريكية، بوصفها القوة المهيمنة السائدة، تُعدّ سلاماً بارداً في الأساس، وكذلك علاقاتها مع اثنتين من القوى الكبرى المجاورة لها، وهما اليابان والهند. وحتى شراكة الصين الاستراتيجية مع روسيا يصعب وصفها بأنها دافئة. كما أن علاقاتها مع أوروبا تتسم باللامبالاة أكثر من كونها باردة أو دافئة. وقد أخفقت الصين في اكتساب أي أصدقاء من بين القوى العظمى، وظلت علاقاتها مع جيرانها

---

18. بعض محرري الكتاب والمتنبئين بمستقبل الصين "ورجال اعمال الفكر" هم الآن جزء من إدارة بايدن.

19. Barry Buzan and Michael Cox. "China and the US: Comparable Cases of 'Peaceful Rise'?" *The Chinese Journal of International Politics*, Volume 6, Issue 2, (Summer 2013), pp.109–132, https://doi.org/10.1093/cjip/pot003.

الأصغر متباينة ومتقلبة، وعلى مدى السنوات الخمس والعشرين الأولى، كان هناك توجه بطيء، لكنه مطَّرد إلى حد كبير، نحو تحسين العلاقات مع جنوب شرق آسيا (ص 114).

ويخلص بوزان وكوكس إلى أن الولايات المتحدة الأمريكية هي القوة العظمى الوحيدة التي حاولت وحققت صعوداً سلمياً من خلال إحلال نفسها محل بريطانيا كقوة مهيمنة من دون الدخول في حرب معها خلال فترة انتقال القوة[20]. كما يرى الكاتبان أن أي صعود سلمي يتطلب عملية ذات اتجاهين تُكيِّف فيها القوة الصاعدة نفسها مع قواعد المجتمع الدولي وهياكله، وفي الوقت نفسه، تتكيف القوى العظمى الأخرى مع بعض التغييرات في تلك القواعد والهياكل بالتأقلم مع الترتيب الجديد للقوة والمكانة (بوزان وكوكس: 112)؛ لذا تستند تجربة الصعود السلمي عملياً إلى حالتين: حالة الولايات المتحدة الأمريكية التي يمكن القول إنها حققت الانتقال السلمي خلال القرن العشرين، وحالة الصين التي تقول إنها تريد تحقيق ذلك خلال القرن الحادي والعشرين[21]. يوضح المؤلفان قولهما "إن صعود الصين يحدث الآن" بأنهما

---

20. Buzan and Cox draw on Feng Yongping, "The Peaceful Transition of Power from the UK to the US," *The Chinese Journal of International Politics*, Vol. 1, No. 1 (2006), pp. 83–108.

21. Barry Buzan and Michael Cox. "China and the US: Comparable Cases of 'Peaceful Rise'?" pp. 109–132.

يعقدان مقارنة بين أوقات صعود الولايات المتحدة الأمريكية وأوقات صعود الصين، بمعنى أن التوقيت والظروف التاريخية التي حقق فيها البلدان صعودهما مختلفة. فقد بدأ مسار الولايات المتحدة الأمريكية قبل أكثر من قرن من بداية الصين مؤخراً، وحدث تغيير كبير في طبيعة المجتمع الدولي بين فترتي صعود البلدين (ص 124). وتُعد فكرة التوقيت أمراً مهماً في مقالي هذا، حيث إن الولايات المتحدة الأمريكية حالياً لا تملك وحدها عناصر النظام العالمي والنظام المالي العالمي، رغم أنها الدولة الرئيسية المؤسسة لهما، وتختلف وظائف النظام العالمي ووظائف النظام المالي العالمي في الوقت الراهن عمّا كانت عليه خلال صعود الولايات المتحدة الأمريكية.

تتمثل أهم هذه الوظائف في أحقية القوة الصاعدة في استخدام النظام العالمي والنظام المالي العالمي للمساعدة في صعودها. وهذا ما يحدث في حالة الصين، مع التسليم بقبولنا بفكرة "الصعود" أو "البروز مجدداً". لقد كانت الولايات المتحدة الأمريكية تصعد في ظل حقبة استعمارية وحشية، مواصلة صعودها ضد كيان استعماري قائم. وأشير هنا إلى النظام الاقتصادي والسياسي العالمي لكي أوضح الاختلاف بين صعود الولايات المتحدة الأمريكية وصعود الصين. إن النظام الاقتصادي والسياسي العالمي الذي استُحدِث في أعقاب الحرب العالمية الثانية لم يتأسس بوسائل سلمية فقط، بل بحروب أسهمت الصين والدول الأخرى في كسبها، وكانت الولايات المتحدة الأمريكية الدولة الرائدة في استحداث ذلك النظام، الذي كانت

الحرب الباردة سبباً مساعداً في استمراريته، حيث كان التنافس خلال الحرب الباردة محفزاً للقوى الغربية لإنجاح هذا النظام واستمراريته حيث ساعدت أرضيات العمل المشتركة بين المؤسسات الغربية المتقاربة في تفكيرها والمؤسسات التابعة لها في تعزيز النظام. وأصبحت الصين جزءاً مهماً من هذا النظام منذ زيارة نيكسون لها في مطلع سبعينيات القرن الماضي. ويذكر "جوزيف إي ستيغلتز" أن النظام الاقتصادي والسياسي العالمي الذي أُقيم في أعقاب الحرب العالمية الثانية ساعد الملايين من الناس على الخروج من دائرة الفقر – 500 مليون نسمة في الصين وحدها. وشهدت أجزاء من العالم نمواً غير مسبوق بعد أن كانت غارقة في الركود والفقر لقرون. ولعبت المؤسسات والترتيبات الدولية التي أُنشئت خلال السنوات السبعين الماضية دوراً مهماً في تحقيق هذه النجاحات. وتشمل هذه المؤسسات كلاً من: الأمم المتحدة، وصندوق النقد الدولي، والبنك الدولي، وبنوك التنمية الإقليمية، والاتفاقية العامة للتعرفة الجمركية والتجارة، ومنظمة التجارة العالمية التي خلفتها[22]. وعلى الرغم من الخطاب الغربي المستمر حول الميزات الغربية النخبوية، خصوصاً القيم الليبرالية، فهذا النظام لم يصنعه الغرب وحده، بل تعدّ الصين أيضاً من صانعيه الرئيسيين من خلال التفاعل معه طوال العقود الأربعة إلى الخمسة الماضية.

---

22. Joseph E. Stiglitz. "Rethinking Globalization in the Trump Era: US-China Relations," Frontiers of Economics in China, *Higher Education Press*, vol. 13(2), (2018), pp. 133-146, June. p. 1.

دعونا نتصوَّر أن الصين تعيش في الوضع الاقتصادي نفسه الذي تعيش فيه أي دولة فقيرة، حيث تتجه منها أفواج المهاجرين إلى الغرب أو تنتشر في جميع أنحاء آسيا، فكيف سيبدو شكل النظام؟ لقد ظهرت النزعات القومية الشعبوية- منها المتطرفة- مؤخراً في الولايات المتحدة الأمريكية وأوروبا نتيجةً لموجات المهاجرين الفارّين من الحروب، تلك الحروب التي تسببت فيها وقادتها الولايات المتحدة الأمريكية وبعض الأوروبيين الذين مازالوا يودون الجلوس على مقعد استعماري في مدينة كلكتا الهندية أو مدينة الجزائر وبجانبهم خادمٌ يحرِّك مراوح يدوية ليطرد حر الصيف عن وجوههم المُسمرّة. دعونا نتذكر أن الصين، منذ أواخر سبعينيات القرن العشرين أطلقت كل طاقتها البشرية المثابرة لكي تصنع وتنتج وتكتفي ذاتياً، وأدخلت نظاماً لتحقيق "رفاهية أكثر من مليار نسمة"، الأمر الذي ساعد الاقتصاد الصيني والاقتصاد العالمي بأسره. وإذا لم تلعب الصين، والهند إلى درجة ما، دوراً كبيراً في كل هذا، لكان الغرب ما يزال يفكر بعقلية عصر بسمارك، ولا أضطر إلى توضيح هذه النقطة.

أقيمت العلاقات الصينية-الأمريكية في أوائل سبعينيات القرن العشرين، عقب زيارة نيكسون للصين، وكان يأمل الطرفان في بناء تعاون ثنائي جيد وتفاهم بينهما. وقد نص بيان شنغهاي في عام 1971 صراحة على وجود "اختلافات جوهرية" بين النظامين الأمريكي والصيني، وأفادت مذكرة التفاهم أنه لا ينبغي لأي طرف منهما أن يتدخل في الشؤون الداخلية للطرف

الآخر[23]، وقد أُعيد التأكيد على مبدأ عدم التدخل في بيانَيْ 1979 و1982. وذكر الرئيس ريتشارد نيكسون في مذكراته أنه قال للرئيس ماو تسي تونغ في اجتماعهما عام 1972 إن "الأمر المهم ليس الفلسفة السياسية الداخلية للدولة" بل "سياستها تجاه بقية العالم وتجاهنا" (نيكسون 1972، 562)[24]. وخلال ثمانينيات القرن العشرين، ركزت العلاقات الصينية-الأمريكية على المزيد من إمكانيات الحوار، ولم تكن اختلافات النظامين مسألة محورية في العلاقات بين البلدين. وكان للولايات المتحدة الأمريكية عدو ثابت متمثل في الاتحاد السوفيتي، لذا كان يُنظر إلى تحوُّل الصين الاقتصادي على أنه جزء من نجاح الولايات المتحدة الأمريكية في تداخل مصالحها مع الصين. فعندما زار رونالد ريغان الصين أشاد، خلال حديث أمام طلاب جامعة فودان في إبريل 1984، بالصداقة والتعاون بين الولايات المتحدة الأمريكية والصين على الرغم من الاختلافات الجوهرية بين البلدين من حيث النظام السياسي والتاريخ والثقافة والقيم واللغة (ريغان 1984).

---

23. للاطلاع على النص الكامل للبيان المشترك عقب المناقشات مع قادة جمهورية الصين الشعبية، انظر:

'Foreign Relations of the United States, 1969-67, Vol. XVII, China, 1969-1972. Foreign Relations of the United States, 1969–1976, Volume XVII, China, 1969–1972 - Office of the Historian.

24. Cited in Dalei Jie. "The emerging ideological security dilemma between China and the US," *China International Strategy Review*, (Nov. 2020) 13: 1–13. doi: 10.1007/s42533-020-00059-3.

وقد وفر سقوط الاتحاد السوفيتي للولايات المتحدة الأمريكية مجالاً جديداً للبحث عن عدو، ولكن لم يُنظر إلى الصين على أنها تشكّل أي تهديد للولايات المتحدة الأمريكية آنذاك؛ مما مهد للصين تركيز قواها الداخلية بالتحديد على تنميتها المحلية وتقدمها الاقتصادي، الأمر الذي اعتُبر مرة أخرى مفيداً للنظام التجاري والنظام الاقتصادي العالميين. وعندما وجدت الولايات المتحدة الأمريكية في الشرق الأوسط مصدر تهديد جديداً بعد حرب الخليج في 1991، لم تكن نظريات صعود الصين وتهديدها موضع نقاش بعد. وعلى الرغم من كل ذلك، نظرا لان الولايات المتحدة أخذت دور "الشُرطي الشمولي" العالمي، لم تجد، بوصفها "المنتصر الليبرالي"، بُدّاً من إثارة القضايا المتعلقة بالمنشقّين الصينيين، وتحديد النسل، ومنتجات عمال السجون، والحريات الدينية، والتبت، وهونغ كونغ[25].

خلال إدارتَيْ كلينتون وبوش[26]، أُقيمت العلاقات بين البلدين على أساس عاملين مترابطين، ففي تسعينيات القرن العشرين، بعد انتهاء الحرب الباردة، بنت الولايات المتحدة الأمريكية مكانتها الدولية المهيمِنة، وتكيفت الصين مع ذلك؛ وقد ساعد هذا إدارة كلينتون في أواخر

---

25. Ibid.

26. كتب بول بلوستين مقالاً في مجلة فورين بولِسي في عام 2019 ألقى فيه باللوم على إدارة بوش الابن لعدم قيامها بما يكفي للتصدي لممارسات الصين التجارية التي قادت في النهاية إلى سياسات ترامب. انظر:

Paul Blustein. 'The Untold Story of How George W. Bush Lost China.' *Foreign Policy*, October 02, 2019.

تسعينيات القرن العشرين في الضغط على الكونغرس الأمريكي لكي يدعم انضمام الصين إلى منظمة التجارة العالمية، حيث أكد كلينتون أن انضمام الصين إلى منظمة التجارة العالمية سيكون له تأثير إيجابي عميق على حقوق الإنسان والحريات السياسية في الصين. وفي أثناء إدارة جورج بوش الابن، وجدت الولايات المتحدة الأمريكية عدواً خطيراً بما يكفي لدفعها إلى شن حربها على الإرهاب. ودفعت هذه الحرب، وكذلك قوة الصين الاقتصادية المتزايدة، واشنطن إلى الإقرار باضطلاع الصين بدور "الشريك المسؤول" في معالجة المشاكل الاقتصادية والأمنية العالمية، وقد تُوِّج هذا بدور الصين المفيد في الأزمة الاقتصادية عام 2008 وإبراز قوتها الناعمة خلال أولمبياد بكين.

وخلال إدارة أوباما، تميزت العلاقات الصينية-الأمريكية بالتعاون والمشاركة؛ لأن الضرورات الاستراتيجية والمبررات المنطقية للتعاون كانت قوية. وقد كتب دالي جي أنه كلما كان المبرر الاستراتيجي لإقامة علاقة إيجابية أقوى وكان تطور الصين الداخلي أكثر توافقاً مع توقعات الولايات المتحدة الأمريكية، كان تأثير الأيديولوجيات المختلفة أقل. وعلى العكس من هذا، كلما كان المبرر المنطقي لإقامة علاقة إيجابية أضعف وكان تطور الصين الداخلي أقل توافقاً مع توقعات الولايات المتحدة الأمريكية، كان تأثير الأيديولوجيات المختلفة أعلى[27].

---

27. Dalei Jie. *Op. cit.* 1–13.

دونالد ترامب: هبة مستترة

على الرغم من خطاب ترامب المتصف بالتحدي للصين أثناء حملته الانتخابية، فإنه حافظ على سياسة إيجابية تجاه الصين في الأشهر الثمانية الأولى من رئاسته. وبعد تحول في سياسته والبدء بما يسمى الحرب التجارية، لم تتردد الصين بالرد بالمثل تجاه واشنطن، واستمرت سياسة الصين إلى ما بعد تولي بايدن السلطة. وكتب "إيفان إس ميديروس" ورقة بعنوان "الصين ترد: تقييم رد بكين على استراتيجية ترامب تجاه الصين"، وضع فيها الأساس لمناقشة سياسات ترامب تجاه الصين ورد الصين عليها. ويهدف ميديروس بها إلى دراسة رد الفعل الصيني على سياسات ترامب؛ لأن هذا الرد قد يقدِّم دروساً لفهم القوى الخارجية التي تصوغ مصالح الصين الدبلوماسية وأفضلياتها وسلوكها في الحاضر والمستقبل. ويدرس ميديروس سياسة المواجهة التي انتهجتها إدارة ترامب تجاه الصين، بما في ذلك وصفه الصين بأنها "منافس استراتيجي" ودولة رافضة للوضع الراهن، وإشعاله حرباً تجارية معها أعقبتها جولات متتالية من الرسوم الجمركية. ويرى ميديروس أن تصرفات ترامب فاجأت القيادة الصينية بعد ثمانية أشهر مثمرة نسبياً عقب تنصيبه رئيساً. كما يرى أن هذه التصرفات شكّلت معضلة غير مألوفة نسبياً لدى قادة الصين الحاليين؛ أيْ، كيفية الرد على منحىً صريح عدوانيٍّ اتخذته أهم علاقة خارجية للصين[28]، ويلاحظ ميديروس أن الرد الدبلوماسي الصيني لسياسات ترامب

---

28. Evan S. Medeiros. "China Reacts: Assessing Beijing's Response to Trump's New China Strategy." https://www.prcleader.org/medeiros. March 1, 2019.

اتسم بتفادي المجابهة ومنع التصعيد مع الولايات المتحدة الأمريكية. وعلى الصعيد الداخلي، أجَّلت الصين المناقشات الداخلية المهمة حول الحاجة إلى استراتيجية دبلوماسية جديدة. وفي هذا الصدد، أختلِفُ مع ميديروس في أن سياسات ترامب تجاه الصين شكَّلت تحدياً للصين وأنها، في الوقت نفسه، كانت جديدة على القيادة الصينية[29]، وهذا - بحسب ميديروس - حدّد شكل السياسات الصينية تجاه ترامب. وفي اختلافي مع ميديروس أعرض الآتي، بدأ الخطاب السياسي الأمريكي المناهض للصين قبل وصول ترامب إلى الرئاسة بكثير؛ فقد انتقد كلٌّ من أوباما والمرشح الجمهوري "مِت رومني" الصين في حملتيهما الانتخابيتين في عام 2012، حيث أتهمها رومني بعدم توفير حماية كافية لحقوق الإنسان (سياسة الطفل الواحد وقضية فالون غونغ، على سبيل المثال)، والتمييز ضد الأقليات (مواطنو التبت والأويغور، على سبيل المثال)، وانعدام الديمقراطية. كما وجّه رومني انتقاداً قوياً للصين بوصفها دولة متلاعبة بالعملة ولسرقتها الملكية الفكرية والوظائف الأمريكية[30]، ومن ناحية

---

29. يذكر جون بولتون، مستشار الأمن الوطني وقتها، أن الأسباب وراء إعطاء الرئيس ترامب الأولوية لعقد اتفاقية تجارية قبل الاعتبارات الأخرى مع الصين قد تم توضيحها في اجتماع سري مع شي جينبينغ في قمة العشرين التي أقيمت في يونيو 2019 في اليابان، ووفقاً لجون بولتون، نصح ترامب الرئيس الصيني شي جينبينغ بأن يمضي قدماً في بناء معسكرات لاحتجاز مليون أو أكثر من مسلمي الأويغور في شينجيانغ، قائلاً إن هذا هو العمل الصائب تماماً، وطلب من شي جينبينغ أن يساعده في الفوز بالانتخابات الرئاسية المقبلة بزيادة مشتريات الصين من فول الصويا والقمح. انظر:
Ryan Hass and Abraham Denmark. 'More pain than gain: How the US-China Trade War hurt America.' *Brookings*, August 7, 2020.
30. John Aldrich, Jie Lu & Liu Kang (2014): 'How Do Americans View the Rising China?' *Journal of Contemporary China*, p. 2. DOI: 10.1080/10670564.2014.932148. See also Liu Kang. 'Interests, Values, and Geopolitics: The Global Public Opinion on China.' *European Review*, Volume 23, May 2015, pp. 242-260 DOI: https://doi.org/10.1017/ S1062798714000714.

أخرى ركز أوباما، في مواجهة إدارته مع الصين، على قضايا التجارة والرسوم الجمركية واقترح تحوُّلاً في السياسة الأمنية الأمريكية من أوروبا والشرق الأوسط إلى منطقة المحيط الهادي. ويرى هاردين أن ورقة الصين التي لعبها أوباما ورومني أثارت المشاعر الأكثر تأثيراً التي حفزت الناخبين في خريف 2021؛ ألا وهي ورقة الخوف. ويقول هاردين "ليس واضحاً إن كان معظم الناخبين يدركون حقاً الأهمية الاقتصادية للصين، ولكن لعب ورقة الخوف من جانب أيٍّ من الحملتين الانتخابيتين لا يتطلب بالضرورة أي بحث"[31].

كانت خطابات ترامب وسياساته مصدر إثراء سياسي للصين بطُرق سهلت عليها الرد بالمستوى نفسه. وقد مهَّد لها هذا الطريق لتمارس دورها العالمي الصاعد وصولاً إلى مستوى لم يعد من الممكن عنده أن تخيفها سياسات الهيمنة الأمريكية. كما أن هذا مهَّد الطريق للصين لكي تكون نموذجاً ساعد بدوره على الوقوف في وجه سياسات بايدن الحالية[32]. وهذه النقطة الأخيرة

---

31. Cited in Liu Kang. "Interests, Values, and Geopolitics: The Global Public Opinion on China," *European Review*, Volume 23, May 2015, pp. 242-260. p. 246. DOI: https://doi.org/10.1017/S1062798714000714.

32. قبل أقل من يوم من مغادرة إدارة ترامب السلطة، فرضت وزارة الخارجية الصينية عقوبات على 10 مسؤولين حاليين أو سابقين في إدارة ترامب، من بينهم وزير الخارجية مايك بومبيو، والسفيرة الأمريكية لدى الأمم المتحدة كيلي كرافت، ومستشار الأمن الوطني روبرت أوبراين. وأصدرت وزارة الخارجية بياناً قالت فيه إنها ستفرض عقوبات على 28 شخصاً بسبب "سلسلة من التحركات الجنونية التي تدخلت تدخلاً خطيراً في الشؤون الداخلية الصينية، وقوضت مصالح الصين، وأساءت إلى الشعب الصيني، وعطلت العلاقات الصينية-الأمريكية لدرجة خطيرة". انظر:

China Bids Farewell to Trump Administration's 'Lies and Madness' – *The Diplomat*, Jan. 21, 2021. https://thediplomat.com/2021/01/china-bids-farewell-to-trump-administrations-lies-and-madness/

على قدر كبير من الأهمية؛ لأن سياسات إدارة ترامب بشأن الصين، كما ذكر بعض الخبراء[33]، تم تصميمها للتضييق على إدارة بايدن، أو حتى إيقاعها في موقف صعب في تعاملها مع ا لصين[34]، وقد قدمت هذه السياسات خدمة جيدة للصين لأنها تمثل الحد الأقصى من الضغط الذي كان يمكن أن تبلغه الولايات المتحدة الأمريكية في سياساتها المتعنتة تجاه الصين[35].

كانت سياسات ترامب العالمية، القائمة على شعار "لنجعل أمريكا عظيمة مرة أخرى"[36]، مدفوعة بأهداف اقتصادية. فقد تم فرض رسوم جمركية[37]

---

33. Trump's Last-Minute Moves Against China Complicate Biden's Agenda. *The New York Times*, Jan. 20, 2021.

34. As Pompeo Dumps Rulebook For US-Taiwan Relations, Some See 'Trap' For Biden: *NPR*. https://www.npr.org/2021/01/15/956868817/as-pompeo-dumps-rulebook-for-u-s-taiwan-relations-some-see-trap-for-biden

35. في الأيام الأخيرة، فرضت إدارة ترامب عقوبات، وأزالت القيود الرسمية على التبادلات مع تايوان، وأعلنت عن إطار استراتيجي لمنطقة المحيطين الهندي والهادي، ونشرت تصريحات صادرة عن بومبيو تتهم الصين بالانخراط في عمليات إبادة جماعية. انظر:

Ben Lowsen. 'The Trump Administration's Final China Push.' *The Diplomat*, January 22, 2021.

36. بعد سنوات من التوترات المتصاعدة التي امتدت إلى مليارات الدولارات من الرسوم الجمركية والرسوم الانتقامية، ظلت الشركات الأمريكية ملتزمة بمزاولة أعمالها في الصين كما كانت، ولا يخطط أيٌّ منها لمغادرة الصين سوى القليل لكن لا توجد بينها أي شركة تنوي العودة إلى الولايات المتحدة الأمريكية. انظر:

Jenny Leonard. 'Donald Trump's Final China Scorecard: A Story of Many Defeats, and One Big Change. *Bloomberg*, October 30, 2020.

على العديد من الدول[38]، وكانت الصين ضمن مجموعة واسعة من الدول تشمل بعض حلفاء أمريكا وأصدقائها، وأدى هذا إلى تخفيف العبء عن كاهل الصين، وجعلها جزءاً من سياسة أمريكية عالمية شاملة. وبتعبير آخر، لم تكن تلك السياسة مصممة للصين فقط، الأمر الذي وسّع المجال للصين

---

37. في بداية عام 2018، فرضت إدارة ترامب رسوماً جمركية على واردات الألواح الشمسية والغسالات، وفيما بعد على الصلب والألمنيوم من الصين. ورداً على ذلك، فرضت الصين رسوماً جمركية على مجموعة من المنتجات المستوردة من الولايات المتحدة الأمريكية. وبعد تقدم هش في المفاوضات في بداية عام 2019، زادت إدارة ترامب الرسوم الجمركية من 10 إلى 25٪ على سلع صينية تبلغ قيمتها 200 مليار دولار في صيف 2019. وردّت الصين في أغسطس 2019 بإيقاف شراء منتجات زراعية أمريكية جديدة. وأعلنت وزارة الخزانة الأمريكية أن الصين دولة "متلاعبة بالعملة". وفي يناير 2020، اتفق البلدان على إبرام اتفاقية تجارية. ولكن على الرغم من الاتفاقية التجارية التي تعهدت فيها الصين باستيراد المزيد من السلع الزراعية الأمريكية، لم تتحقق الأهداف الشرائية، خصوصاً في أعقاب انتشار جائحة كوفيد-19. وفي مايو 2019، منعت إدارة ترامب الشركات الأمريكية من التعاون مع شركة هواوي بذريعة الخوف من سرقة الملكية الفكرية والتجسس على الشركات والحكومة الأمريكية. وفي يونيو 2020، اقترح الرئيس ترامب فرض قيود على التأشيرات للطلاب والباحثين المرتبطين بـ "استراتيجية الاندماج المدني العسكري" الصينية، اعتقاداً منه أن الحكومة الصينية استخدمتهم للاستحواذ على الملكية الفكرية من الولايات المتحدة الأمريكية بطرق غير مشروعة. انظر:

Brandon M. Boylan et al. 'US–China Relations: Nationalism, the Trade War, and Covid19,' *Fudan Journal of the Humanities and Social Sciences* (2021) 14:23–40 https://doi.org/10.1007/s40647-020-00302-6. See also, Fatouh Haikal. "Limits of Change in The Post-COVID World Order," in *Covid-19: Toward Reviving Economies & New Normal Development Strategies*, (Trends Research Organization, Abu Dhabi: United Arab Emirates), 2020, 37-67. Available online. TRENDS Research and Advisory - Covid-19: Toward Reviving Economies & New Normal Development Strategies.

38. التفاصيل عن الرسوم الجمركية متاحة على: -https://taxfoundation.org/tariffs-trump-trade war/

لكي تندمج أكثر في التفاعلات العالمية، وتحل محل الولايات المتحدة الأمريكية في الكثير من المؤسسات الدولية. وكانت سياسة الضغط الأقصى التي انتهجها ترامب تتضمن التكنولوجيا، والتبادل الثقافي والشعبي، وقضايا أخرى مثل بحر الصين الجنوبي، وتايوان، وهونغ كونغ، وشينجيانغ. غير أن تركيز ترامب الكثيف على العوامل الاقتصادية والمالية في العلاقة بين البلدين قد جعل بعض القضايا، مثل تايوان وشينجيانغ، هامشية في العلاقات الأمريكية-الصينية[39]، ومع ذلك ظل نهج ترامب تجاه تايوان ضمن إطار ما أطلق عليه رايان هاس اسم ورقة تايوان "للعب وليس للاستخدام". ونظراً إلى قدرة الصين الاقتصادية، فقد وضّح "زوو شينغ"، الأستاذ في جامعة رنمين الصينية، كيف استخدمت الصين قوتها الوطنية بمرونة ونفّذت تعبئة استراتيجية واسعة وفاعلة لسد الطريق أمام نوايا إدارة ترامب التي كانت تهدف إلى التقليل من مكانة الصين في سلاسل التوريد العالمية وتعطيل وتيرة التنمية الصينية[40].

---

39. كانت مكالمة ترامب الهاتفية المثيرة للجدل في ديسمبر 2016 مع الرئيسة التايوانية، تساي إنغ ون، هي المرة الأولى التي يتحدث فيها رئيس أو رئيس منتخب أمريكي مباشرة مع رئيس دولة تايواني، ووافق ترامب في تلك المكالمة على مبيعات أسلحة بمليارات الدولارات إلى تايبيه في الأشهر الأخيرة من ولايته.

40. Zuo Xiying. *Op. cit.* See also, Zhang Yuyan, "全球经济治理体系的瓦解、重构和新创" [Disintegration, Reconstruction, and Innovation of Global Economic Governance System], Shijie zhengzhi yanjiu [World Politics Studies], No.1 (2019): 1–4, https://www.chinathinktanks.org.cn/content/detail/id/opmlq376.

ستكون أسباب فشل الضغط الذي مارسه ترامب لإخضاع الصين للمطالب الأمريكية هي الأسباب نفسها التي يمكن أن تعوق سياسات بايدن تجاه الصين. لقد شن الرئيس ترامب هجوماً على النظام الاقتصادي والسياسي الذي أُنشئ في أعقاب الحرب العالمية الثانية. ولكن نظراً إلى أن ذلك النظام جلب فوائد هائلة للعالم بأسره[41]، وكانت الصين عنصراً فاعلاً في نجاحه، في نفس الإطار، يواجه بايدن صعوبة في إعادة تجميع أصدقاء أمريكا وحلفائها لمواجهة الصين. أدت حرب ترامب التجارية إلى تقليص المصالح الاقتصادية والمالية الصينية في الولايات المتحدة الأمريكية، فتوسّعت في أماكن أخرى أو على مستوى العالم. ولهذا الوضع تداعياته، خصوصاً على النظام الاقتصادي العالمي. وعلى الرغم من قيام الولايات المتحدة الأمريكية بضبط هذا النظام، فقد أصبح رمزاً للعقوبات والإجراءات الإكراهية، الأمر الذي يعرّضه للمزيد من الخطر في وقت كاد أن يفقد ارتباطه بوظائفه الأساسية. وأفضل مثال على هذا هو وباء كوفيد-19 وكيف أنه أثبت الحاجة الماسّة إلى دور "القوى المتعددة" في ايجاد الحلول العالمية الفعالة لمكافحة تفشي الأوبئة، وكان الدور الأمريكي غائباً عن هذه الجهود[42].

---

41. Joseph E. Stiglitz. "Rethinking Globalization in the Trump Era: US-China Relations," Frontiers of Economics in China, Higher Education Press, vol. 13(2),2018, pages 133-146, June.

42. Nath Aldalala'a, "End of Liberal Triumphalism: A Perspective on China in the Post-Covid Global Order." *Strategic Trends* (1), First Edition, June, 2020. http://trendsresearch.org. https://www.researchgate.net/publication/342787020_End_of_Liberal_Triumphali sm_A_perspective_on_China_in_the_post-Covid_global_order.

شهدت السنوات الأربع التي أمضاها ترامب في الرئاسة زيادة في الترابط بين الصين والقوى العالمية الأخرى، بما فيها الاتحاد الأوروبي واليابان وكوريا الجنوبية. لذلك، وفي حين يسعى بايدن لرسم سياسات محددة مصممة للصين فقط، فإن شبكة الترابط التي أقامتها الصين - ليس في الاقتصاد فحسب، بل في العلاقات الدولية الشاملة أيضاً - تعوق محاولته الوحيدة لفرز الصين ومعاملتها بطريقة مختلفة عن غيرها. لقد قللت إدارة ترامب من أهمية الأيديولوجيا ودور القيم الغربية "المفخَّمة" في العلاقات الدولية، وذلك باختزالها علاقاتها مع الصين في الجوانب الاقتصادية فقط. لذلك، كما أوضّح أدناه، يجد بايدن صعوبة في إقناع دول مثل اليابان وكوريا الجنوبية وألمانيا، التي تتكامل اقتصاداتها تكاملاً كبيراً مع الاقتصاد الصيني، بأن تقاتل من أجل "أيديولوجية غربية".

يأتي العامل الاقتصادي على رأس العوامل التي اعتبرتها إدارة ترامب نصراً في تعاملها مع الصين. ولكن مع عدم انتخاب ترامب لرئاسة ثانية، لم يتم تنفيذ كل الصفقات التجارية التي أعلن عنها البلدان. وقد احتفلت إدارة ترامب في بداية عام 2020 باتفاقية "المرحلة الأولى" التجارية مع الصين، وأعلن عنها الرئيس بوصفها "خطوة عظيمة" في اتجاه مستقبل تجاري أكثر عدلاً بين أكبر اقتصادين في العالم، وهلّل ترامب للاتفاقية باعتبارها انتصاراً وروّج لها خلال الحملة الانتخابية واصفاً إياها بأنها "وحش ضخم جميل". وبعد ذلك، في حشد لإعادة الانتخابات في توليدو بأوهايو، نصح ترامب المزارعين بأن "يشتروا جرارات زراعية أكبر". والأهمية في هذا أن إحراز أي

تقدم اقتصادي داخل الولايات المتحدة أصبح مرتبطاً ارتباطاً وثيقاً بالصين؛ إذ إن لغة الخطاب السياسي في الداخل الأمريكي، سواء كانت معادية أو متفقة مع الصين أصبحت لها دلالات على تجذر الدور الصيني في الفكر السياسي الأمريكي. وإذا نظرنا الى لغة ترامب إلى المزارعين، فإن هذه اللغة هي التي ساعدت ترامب في الوصول إلى البيت الأبيض. ومن الواضح أن لدى بايدن فرصاً أفضل للتطرُّق إلى القضايا الجوهرية التي تهم الشعب الأمريكي في الوقت الراهن، بدلاً من اللجوء إلى الاختلافات الفلسفية مع الصين. وربما تكون "الجرارات الكبيرة" أكثر أهمية للأمريكيين من القلق بشأن المشهد السياسي في هونغ كونغ وتايوان.

ليس لدى بايدن، في الأساس، أي سياسة خارجية مرسومة ومحددة المعالم تجاه الصين. وتأتي محاولاته لتجميع الحلفاء والأصدقاء معاً من أجل محاربة "الصين الأيديولوجية" في وقتٍ ربما أصبحت فيه الأيديولوجيا أقل أهمية في العلاقات الدولية؛ فقد ضرب وباء "كوفيد-19" اقتصادات العديد من الدول في جميع أنحاء العالم، والتي يهمها التعافي من الوباء أكثر مما يهمها خوض معركة أيديولوجية مع الصين.

جرت المقابلة الأولى بين إدارة بايدن والمسؤولين الصينيين في ألاسكا في مارس 2021، ويمكن النظر إلى اللقاء على أنه نقطة انطلاق مهمة من حيث الأساليب التي تردّ بها الصين على نبرة القوة العظمى الأمريكية. وقد وصف ميكيو سوغينو، الكاتب في صحيفة "نيكاي آسيا"، هذه المناسبة وصفاً مناسباً بهذه الكلمات: "الصين تحتفل بعودتها، بعد 120 عاماً، بألعاب نارية في ألاسكا"[43]، وجاء أحد أبرز الردود الصينية من السفير الصيني السابق لدى الولايات المتحدة الأمريكية، "يانغ جي تشي"، الذي ألقى خطاباً مدته 15 دقيقة انتقد فيه الولايات المتحدة الأمريكية واتهمها بالنفاق بشأن حقوق الإنسان ومعاملتها للأقليات، وانتقد التدخلات الخارجية الأمريكية، واتهم

---

43. China marks 120-year comeback with fireworks in Alaska - *Nikkei Asia*.
https://asia.nikkei.com/Politics/International-relations/US-China-tensions/China-marks-120-year-comeback-with-fireworks-in-Alaska

المسؤولين الأمريكيين بأنهم يفكرون بـ"عقلية الحرب الباردة"[44]، وقال يانغ "إن الولايات المتحدة الأمريكية لا تمثل الرأي العام العالمي، ولا العالم الغربي يمثله"[45]. ولا شك في أن سيناريو الحرب الباردة، أو وضع الحرب الباردة، كان سيقرّب أكثر بين الولايات المتحدة الأمريكية والعالم الغربي، ولكن الحرب الباردة أصبحت ماضياً بعيداً في ذاكرة السياسة العالمية.

منذ بداية سبعينيات القرن العشرين وحتى نهاية الحرب الباردة، كما ورد أعلاه، اتسمت العلاقات الصينية-الأمريكية بروح توافقية. ولم تكن نبرة المواجهة التي أظهرتها إدارة بايدن في ألاسكا نابعة من عقلية الحرب الباردة، كما يُعتقَد على نطاق واسع، بل من عقلية ما بعد الحرب الباردة. فقد خرجت الولايات المتحدة الأمريكية من الحرب الباردة بوصفها القوة العظمى الوحيدة في العالم، وعززت أحداث تسعينيات القرن العشرين هذا التفوُّق وسهّلت للولايات المتحدة الأمريكية المجال لقيادة العالم بمفردها. ومن الأمثلة على الأحداث التي سهّلت للولايات المتحدة الأمريكية قيادة العالم ما وقع في الشرق الأوسط ويوغسلافيا. إضافة إلى ذلك، ساهم الرد الأمريكي على هجمات 11 سبتمبر في ترسيخ عقلية القوة "المهيمنة الوحيدة"، التي من خلالها لا يمكن للمُثُل الديمقراطية التي وطّدها مونتسكيو وروسو أن

---

44. https://foreignpolicy.com/2021/03/19/china-united-states-alaska-talks/.

45. ww.wsj.com/articles/u-s-sets-tough-tone-ahead-of-high-level-talkswith-china-11616093421.

تعكس مُثُل حدود القوة وقيودها. وهذا المنطق هو الذي يقود، جزئياً، نهج بايدن الشبيه بنهج ترامب تجاه الصين.

إن شعار بايدن "لقد عادت أمريكا" يعني أساساً العودة إلى العمل مع حلفاء أمريكا الأوروبيين وغيرهم، غير أن هذه العودة محدودة نوعاً ما لما تغير في موازين القوى الدولية وحضور الصين الدولي على الصعيد الاقتصادي بالتحديد. كما أن للصين القدرة على الرد على سياسات بايدن، أياً كانت، وهذا هو المفتاح لفهم سياسة بايدن الخارجية تجاه الصين. خلال الاستعدادات لاجتماع ألاسكا، انضم الاتحاد الأوروبي إلى الولايات المتحدة في فرض عقوبات على العديد من المسؤولين الصينيين بحجة ارتكابهم انتهاكات مزعومة لحقوق الإنسان ضد أقلية الأويغور المسلمة في مقاطعة شين جيانغ، وردت الصين بفرض عقوبات مماثلة. إذاً، فلدى الصين القدرة والتوقيت للرد على سياسات الأحلاف. وفي اجتماع جرى مؤخراً بين حلف الناتو وبايدن، أعلن قادة الناتو أن الصين تشكّل أخطاراً متزايدة على أمن الديمقراطيات الغربية، ولكنهم كشفوا عن خلافات عميقة بشأن الحاجة الملحة إلى مواجهة بكين، أو حتى إن كان ينبغي أن تكون هذه المواجهة ضمن دور الناتو بأي شكل من الأشكال. وقد أكد الأمين العام لحلف الناتو، ينس ستولتنبيرغ، أن الصين "ليست عدواً" ولكنها تشكّل تحديات لابد من الرد عليها[46]، وأصر على أن

---

46. علق البرلمان الأوروبي المصادقة على اتفاقية التجارة الشاملة بينه وبين الصين، وكان قد تم التوقيع عليها "مبدئياً" في ديسمبر 2020، بعد سبع سنوات من المفاوضات المكثفة.

حلف الناتو لا ينقل عملياته إلى آسيا ولكنه يحمي نفسه بالقرب من وطنه[47]، وعبارة "بالقرب من وطنه" هذه تعني روسيا[48].

ظل الحلفاء الأوروبيون لوقت طويل غير مهيَّئين لحماية أنفسهم بالقرب من الوطن – أي من روسيا - التي تمثل المنافس التاريخي لحلف الناتو. ويقول خبراء الدفاع إن العديد من الجيوش الأوروبية ستكون عديمة الفائدة تماماً أمام الصين[49]، ووفقاً لمركز التقدم الأمريكي، وهو مركز بحوث في واشنطن لديه علاقات وثيقة بإدارة بايدن، فإن "القوات الأوروبية ليست مستعدة

---

47. D avid M. Herszenhorn & Rym Momtaz. "NATO leaders see rising threats from China, but not eye to eye with each other," *Politico*, June 14, 2021. https://www.politico.eu/ article/nato-leaders-see-rising-threats-from-china-but-not-eye-to-eye-with-each-other/.

48. https://www.politico.eu/article/us-president-joe-biden-embraces-nato-buteuropean-allies-are-weak/.

49. قال مؤلفو تقرير مركز التقدم الأمريكي إن واشنطن كانت مسؤولة عن العديد من أوجه القصور العسكري الأوروبي من خلال اعتراضها تاريخياً على التعاون العسكري بين الحلفاء في الاتحاد الأوروبي بحجة تجنُّب الفوائض في حلف الناتو. وقال التقرير ينبغي على بايدن، بدلاً من ذلك، أن يشجع الاندماج العسكري الأوروبي، ودفع الحلفاء إلى التعاون لكي يتمكنوا من القيام بالمزيد لحماية أنفسهم، بدلاً من الاكتفاء بالضغط عليهم لينفقوا المزيد على قواتهم الوطنية الفردية، الأمر الذي يؤدي إلى التبديد وانعدام الكفاءة. انظر:

https://www.politico.eu/article/us-president-joe-biden-embraces-nato-but-european-allies-are-weak/.

للقتال بما لديها من معدات، وما لديها من معدات ليس جيداً بما يكفي"[50].
فعلى سبيل المثال، لا يمتلك الجيش الألماني القوة التي تمكّنه من الانخراط
في مهام عسكرية في محيطه الجغرافي[51]، فضلاً عن المهام البعيدة. ويعتمد
الأوروبيون الشرقيون اعتماداً كبيراً على الولايات المتحدة الأمريكية للحفاظ
على أمنهم ضد روسيا، كما أنهم منخرطون على نحو متزايد في علاقات
تجارية مع الصين.

إن المعضلة التي تواجه الولايات المتحدة والاتحاد الأوروبي وحلف الناتو لا
تكمن في مدى استعدادهم وجاهزيتهم، بل في خصائص النظام الدولي الحالي.
كما أن مفهوم "العدو" الذي تستخدمه الولايات المتحدة لوصف الصين

---

50. يخلص التقرير إلى أن "معظم المعدات العسكرية الأوروبية في حالة سيئة للغاية، والكثير جداً من
القوات الأوروبية غير جاهز للقتال، كما أن طائراتها المقاتلة والمروحية غير جاهزة للطيران، وسفنها
وغواصاتها غير جاهزة للإبحار، ومركباتها ودباباتها غير جاهزة للتحرك". انظر:

Max Bergmann, James Lamond and Siena Cicarelli. 'The Case for EU Defence: A New
Way Forward for Trans-Atlantic Security Relations. *Center for American* Progress,
June 06, 2021.

https://www.americanprogress.org/issues/security/reports/2021/06/01/500099/
case-eu-defense/.

51. يدعو تيرهال وباستيان غيغيريتش في كتابهما "مسؤولية الدفاع" ألمانيا إلى تقوية جيشها إلى درجة
كبيرة؛ لأن ضعفه الحالي يعرض أوروبا بأسرها للخطر. انظر:

Bastian Giegerich **and** Maximilian Terhalle. *The Responsibility to Defend: Rethinking
Germany's Strategic Culture*, (Routledge: 2021).

ليس رائجاً في أوروبا[52]. فخلال قمة مجموعة الدول السبع، لم يذكر الرئيس الفرنسي التهديدات المفترضة التي تشكّلها الصين للأوروبيين، وبدلاً من ذلك، عرّف الرئيس الفرنسي "الإرهاب الإسلاموي بأنه عدو حلف الناتو" لأنه "يهدّد مجتمعاتنا في انسجامها". وذلك أيضاً ما يبرر وجود الناتو ضمن التحالف الدولي في المنطقة العراقية-السورية. "إننا متحالفون في هذا بكل وضوح"[53].

يشكل عامل التوقيت صعوبة أمام بايدن بشأن تجميع التحالفات. وقد أوردتُّ أعلاه مثال من بوزان وكوكس حول توقيت "صعود الصين". وللمزيد من التوضيح، أرى أن الوضع الحالي يختلف كثيراً إذا ما قورن بالوضع الذي أعقب هجمات 11 سبتمبر مباشرة. فالولايات المتحدة الأمريكية حالياً لا تمتلك الجاذبية السياسية والأسباب المشروعة لبناء تحالف فوري من أجل خوض نزاعٍ أو حربٍ ما. إضافة إلى ذلك، تتمتع الصين حالياً بمكانة عالمية قوية تمنع العديد من الدول من الانضمام إلى الولايات المتحدة الأمريكية في توجيه أي أعمال عدائية ضد الصين. فاعتماد اقتصادات العديد من الدول، مثل اليابان وكوريا الجنوبية، على الصين يمنعها من الدخول في أي تحالف مفتوح مع واشنطن، لذلك إذا كانت الولايات المتحدة الأمريكية راغبة في

---

52. https://www.ft.com/content/e4c7df1a-5048-4cf1-8a2d-c9a2d721ba92.

53. Cited in https://www.politico.eu/article/us-president-joe-biden-embraces-natobut-european-allies-are-weak/.

مواجهة الصين عسكرياً، فربما عليها أن تخوضها بمفردها، وهذه هي الصعوبة المباشرة التي تواجه إدارة بايدن[54].

ليست الخيارات العسكرية وحدها هي ما قد يضمن دور القيادة العالمية لأي قوة عظمى، وإذا استمر هذا الدور القيادي من دون اللجوء إلى الخيارات العسكرية بالضرورة، فإنه يظل مصوناً. ولكن توافر القوة العسكرية والغياب القسري لخيار استخدامها يحدّان من دور القوة العظمى ومن التطبيق العملي لذلك الدور. وفي هذا الإطار، لا يبدو أن المحاولة الأمريكية لكبح الاندفاع الصيني العالمي يمكن تحقيقها مباشرة بالوسائل العسكرية. وفي حين أن حرب الولايات المتحدة الأمريكية على الإرهاب قد قللت من خياراتها الأخرى للاضطلاع بدور قيادي عالمي، فإن حصيلة تلك الحرب قد قوّضت مفهوم مخرجات القوة الأمريكية الخشنة. كما أنها استنفدت المشاعر الوطنية الأمريكية المطلوبة لدعم المزيد من التدخلات العسكرية.

يمكن لإدارة بايدن أن تصف الصين بأي وصف تراه مناسباً للاستهلاك السياسي المحلي، غير أن الاستخدام المباشر للقوة أمر مستبعَد؛ فإدارة بايدن سريعة الاستجابة للمزاج المحلي الأمريكي إزاء مواجهة الصين بعد

---

54. المرة الوحيدة التي تم فيها تفعيل المادة 5 من معاهدة تأسيس الناتو كانت في أعقاب هجمات 11 سبتمبر، وقد ذكر بايدن هذا في اجتماع مجموعة السبع، قائلاً "تذكروا ما حدث في 11 سبتمبر، عندما تعرضنا للهجوم، فوفر لنا الناتو الدعم على الفور، وواصل دعمه لنا حتى قضينا على أسامة بن لادن، وكان الناتو جزءاً من العملية"، ووصف التمسك بالتحالف بأنه "واجب مقدس".

التراكم الذي حدث خلال إدارة ترامب. ومع ذلك يتمتع بايدن بخبرة كافية ليدرك أن أي مواجهة عسكرية في هذه المرحلة لا يمكن تنفيذها في وقتٍ ينصبّ جلّ تركيزه على حل مشكلة الفوارق الأمريكية الداخلية، وعلى الرغم من أن نبرة بايدن تتسم بالتحدي والمواجهة، فإنها لا تتضمن تهديدات عسكرية واضحة، فعلى سبيل المثال قال بايدن إن لغة التهديد أو التحذيرات العسكرية لم تُستخدَم، وذلك في اللقاء الذي حدث مؤخراً بينه وبين الرئيس الروسي فلاديمير بوتين[55].

لقد ظل الرؤساء الأمريكيون، من ريتشارد نيكسون إلى دونالد ترامب، على استعداد لتقديم مبادرة أو سياسة رئاسية شخصية مستقلة تجاه الصين، وكانت دائماً ما تُقبَل، إلى حدٍّ ما، باعتبارها مبادرة رئاسية أو "مبادرة الرئيس الأمريكي" وسيكون لإدارة بايدن سياستها الخارجية المحددة تجاه الصين عندما تكون لديها مثل هذه الرؤية الرئاسية المستقلة، بصرف النظر عن طبيعتها ومحتواها. عندما مارس بيل كلينتون الضغط لصالح انضمام الصين إلى منظمة التجارة العالمية، كانت الولايات المتحدة الأمريكية في وضع أقوى، من حيث سياستها الداخلية ومن حيث دورها القيادي العالمي. وتدرك الولايات المتحدة الأمريكية في الوقت الراهن أنها لا تملك من النفوذ والمكانة ما يمكّنها من مواجهة الصين بمفردها، وهذا بدوره يضع الولايات

---

55. https://www.whitehouse.gov/briefing-room/speeches-remarks/2021/06/16/remarks-by-president-biden-in-press-conference-4/.

المتحدة الأمريكية في موقف أضعف من أن تستطيع تقديم مثل هذه المبادرة للحوار أو التعاون. لا يمكن للمرء أن يفعل ما فوق قدراته، وقد حدث في التاريخ الأمريكي الحديث أن قدمت الولايات المتحدة الأمريكية حلولاً وسطية من أجل السلام والحوار عندما شعرت أنها قوية بما يكفي للقيام بذلك.

كتب "أفيري غولدشتاين" أنه "على العكس من الحرب الباردة عندما كانت السياسات الأمريكية، منذ أواخر أربعينيات القرن العشرين، تهدف إلى تفادي اقتران النظامين الاقتصاديين الأمريكي والسوفيتي، فقد استلزم تقليص الترابط الاقتصادي الأمريكي-الصيني في العقد الأول من القرن الحادي والعشرين ما أصبح يعرف بفض الاقتران"[56]. وفي المنعطف الحالي من العلاقات الدولية، سيكون فض العلاقات القائمة هذا أمراً جديداً وعملية معوّقة للغاية تتطلب تغييرات وتعديلات من كلا البلدين وحلفائهما الاقتصاديين في جميع أرجاء العالم – وهذا ما لا تقدم له تجربة الحرب الباردة سوى القليل من الرؤى والتصوُّرات[57]. إضافة إلى ذلك، يبدو من المرجح أن فض الترابط سيقوي المخاوف الأمنية الناجمة عن الفوضى؛ لأن كل طرف

---

56. Avery Goldstein. US-China Rivalry in the twenty-first century: Déjà vu and Cold War II. *China International Strategy Review* (Spriger 2020) 2:48–62. P. 52 https://doi.org/10.1007/s42533-020-00036-w.

57. Ibid.

يصبح مدركاً تماماً لنقاط الضعف المختلفة التي أوجدها ترابطهما[58]. ومن مزايا نظام الحرب الباردة أن إنشاء أو اجتذاب تحالفات ذات خطوط محددة كان أمراً مجدياً وقابلاً للتطبيق. وقد جذبت الأنظمة الرأسمالية تحالفاتها وانطبق الشيء نفسه على الأنظمة الشيوعية؛ أو الغرب مقابل الشرق ... إلخ. واختفت هذه الخطوط بانتهاء الحرب الباردة، وظلت الحرب على الإرهاب مُربِكة لدرجة أن قليلين من يستطيعون تحديد خطوطها الفاصلة، لذلك من الصعب على بايدن أن ينشئ تحالفات ذات خطوط محددة، وخاصة إذا كانت تحالفات مبنية على عنصر الأيديولوجية، وأن يقدم حلاً أحادياً لمواجهته المقترحة مع الصين.

لن يدعو بايدن، حتى لو رغب، إلى بيان مشترك مثل بيان شنغهاي الصادر في عام 1972؛ وذلك لأنه واقع في فخ ترامب، كما قال أفيري غولدشتاين. وقد فحص خبراء العلاقات الدولية العلاقات الصينية-الأمريكية في ضوء نظريات متعددة، أهمها فخ ثوسيديديس. يقول "غراهام أليسون"، في كتابه "حتمية الحرب: هل تستطيع أمريكا والصين الإفلات من فخ ثوسيديديس؟" الصادر في عام 2017 إن مثل هذا الوضع يمكن على الأرجح أن يؤدي إلى حرب[59]. ومع ذلك، تواجه الولايات المتحدة الأمريكية حالياً "فخ ترامب" الذي

---

58. Ibid.

59. Graham Allison. *Destined for War, Can America and China Escape Thucydides's Trap* (Boston, MA: Houghton Mifflin Harcourt, 2017), pp. 11-12.

يضع قيوداً على سياسات إدارة بايدن عموماً، وسياساته تجاه الصين خصوصاً. لا يستطيع بايدن أن يكون متساهلاً مع الصين، ولا يستطيع في الوقت نفسه أن يدخل في حرب معها. لقد رسَّخت "الترامبية" ما يسمّى "توجهات الشعب الأمريكي" في قلب التحزب المؤسساتي داخل المؤسسة السياسية الأمريكية؛ ومن ثم فإن طبيعة سياسات بايدن تجاه الصين في المستقبل المنظور لا يمليها ما تستطيع الولايات المتحدة الأمريكية فعله، بل يمليها ما لا تستطيع فعله.

أحدثت الحرب الأمريكية على الإرهاب ما يكفي من الإرباك بشأن تعريفات التهديد[60]، فعلى سبيل المثال، يمكن وصف هجوم 6 يونيو على الكابيتول هيل "مقر الكونغرس الأمريكي بواشنطن" بأنه شكلٌ من أشكال الفهم المشوَّش لكل من "النزاع" و"الحرب" في الذهنية الأمريكية الحالية. وهذا ما فعلته الحرب على الإرهاب في الحياة الأمريكية اليومية، حيث قلّصت الخطوط الواضحة بين ماهية الحرب التي يجب خوضها ضد عدو في طور التكوين، الصين نظرياً، وفكرة الحرب التي يجب خوضها ضد "حزب سياسي" آخر. نسمع في الخطاب الأمريكي السياسي عن "الشعب الأمريكي" (American People)، في الوضع الراهن لم يعد لهذا المصطلح دلالات سياسية موحدة وواضحة، من الممكن القول: "الشعب الأمريكي

---

60. توسَّعت مسارح الحرب على الإرهاب لتغزو هياكل الحياة الأمريكية اليومية ومؤسساتها وتجعلها محكومة بالخوف الدائم والتأهب المفرط للهجمات الإرهابية.

الجمهوري" أو "الشعب الأمريكي الديموقراطي"، فهذا وصف قد يكون فيه أكثر دقة للوضع الداخلي الأميركي الذي سيكون أكثر جلية في الانتخابات النصفية (2022) والرئاسية (2024).

ويضاف إلى ذلك أن سياسات بايدن رهينة لسلسلة من المواقف المحلية المستمرة منذ رئاسة باراك أوباما[61]؛ فقد تزامن انتخاب باراك أوباما في عام 2008 مع ذروة الحرب على الإرهاب. ولكن باراك أوباما كان رجلاً مدنياً "أسود" في وقتٍ كانت الولايات المتحدة الأمريكية في حاجة إلى قادة عسكريين أمريكان مثل ناثان بيدفورد فورست، أو يوليسيس جرانت، أو جورج واشنطن. وقد خلف أوباما في الرئاسة "رجل أعمال أبيض" لديه تركيز واضح على المكاسب الاقتصادية والمكافآت المالية. وبنهاية إدارة ترامب، تغير الكثير في الفهم الأمريكي للحرب والنزاع. وكما أوضِح أدناه، يؤكد بايدن على القيم الأمريكية بالتوازي مع وضع أمريكا كضحية لا بوصفها "قوة عظمى"، وذلك قوله: "الصين تسرق الوظائف الأمريكية"، "الصين تنتهك حقوق الملكية الفكرية الأمريكية"، "الصين تستخدم الهجمات السيبرانية ضد الولايات المتحدة الأمريكية"، والأسوأ في هذا هو ترديد فكرة أن "الصين تأكل غداء الولايات المتحدة الأمريكية".

---

61. يضم فريق الأمن الوطني والفريق الاقتصادي في حكومة بايدن العديد ممن عملوا في إدارة أوباما.

ورث بايدن تركيز ترامب على الإجراءات الاقتصادية[62]، ففي خطابه الأول أمام الصحافة في 25 مارس 2021[63]، أعلن عن سياسات إدارته التي تدور حول قضيتين؛ تتعلق القضية الأولى بالمواجهة المتوقعة بين الديمقراطية والأوتوقراطية، بما في ذلك المواجهة مع روسيا والصين. وتتمثل القضية الثانية في خطة بايدن للاستثمار في النمو المحلي. وتناول قضايا التقدُّم مستشهداً بمثال الولايات المتحدة الأمريكية في ستينيات القرن العشرين عندما استثمرت "ما يزيد قليلاً على 2% من الناتج المحلي الإجمالي بأكمله في البحوث المحضة والاستثمار في العلوم، في حين تبلغ هذه النسبة اليوم 0.7%".

وفيما يتعلق بالقضية الثانية، يهدف هذا النهج إلى النهوض بالولايات المتحدة الأمريكية على المسرح الدولي، ولكنه ينطوي على سلبيات على المدى الطويل، أبرزها أن إعادة بناء البنية التحتية الوطنية مربوطة بمواجهة الصين، حيث تتطلب إعادة بناء البنية التحتية الأمريكية فترة طويلة ربما تمتد لعقود من الزمن، يمكن بعدها النظر إلى النتائج

---

62. أحد انتقادات بايدن لسياسة ترامب تجاه الصين هو أنها ألحقت أضراراً اقتصادية بالولايات المتحدة الأمريكية من دون إحداث الإصلاحات الاقتصادية الصينية التي طالب بها ترامب. وتضمنت تداعيات تلك السياسة على الولايات المتحدة انخفاضاً في الصادرات الزراعية، إضافة إلى ارتفاع التكاليف وتعطُّل الإمدادات للشركات الأمريكية التي تعتمد على الواردات الصينية. انظر:

https://www.wsj.com/articles/whats-bidens-china-policyit-looks-a-lot-like-trumps-11599759286.

63. تصريحات الرئيس بايدن في المؤتمر الصحفي بالبيت الأبيض.

المباشرة والهزيلة باعتبارها إخفاقاً في تحقيق الأهداف المفترضة لمواجهة الصين[64]. كما أن ربط إعادة بناء البنية التحتية بمواجهة الصين يفرض عبئاً على العديد من الشركات الأمريكية التي تمارس أعمالها على مستوى العالم وتستفيد من علاقاتها مع السوق الصينية. إن الضغط الذي تمارسه الولايات المتحدة الأمريكية على تلك الشركات لكيلا تتعاون مع الصين كانت له نتائج عكسية في معظم الحالات، ومع ذلك دعا بايدن إلى تعبئة أمريكية غير مسبوقة بقوله: "إذا لم نتحرك فسيأكلون غداءنا"، "وليس علينا إلا أن نتقدّم"[65].

---

64. لم تشيّد الولايات المتحدة الأمريكية سوى مطارٍ واحدٍ فقط (مطار دنفر الدولي) منذ منتصف تسعينيات القرن العشرين. وحتى جهود الحزبين الجمهوري والديمقراطي لبناء نفق "غيتواي" للسكك الحديد بين نيوجرسي ونيويورك الذي طال انتظاره، كجزء من خط السكة الحديد الأكثر نشاطاً في الولايات المتحدة الأمريكية، تعثّر في السنوات الأخيرة. مع ذلك، من المفهوم أن الحملة الانتخابية وحدها تستغرق وقتاً أطول من أي مشاركات للسياسيين في العالم. إن الوقت الذي ينفقه السياسيون الأمريكيون في الحملات الانتخابية أطول بكثير وأشدّ كثافة عاطفية من الوقت الذي يُنفَق في العديد من المهمات القتالية الأمريكية في العالم، ويتجاوز الوقت الذي يقضيه السياسيون في النقاش حول البنية التحتية الأمريكية المتهالكة.

65. وفقاً لتقرير الجمعية الأمريكية للمهندسين المدنيين عن البنية التحتية لعام 2021، 43% من الطرق المعبَّدة العامة الأمريكية في حالة سيئة أو أقل مما ينبغي، و42% من الجسور في البلاد، البالغ عددها 617 ألف جسر، لا يقل عمرها عن 50 عاماً. ونحو 7.5% منها يُعدّ ضعيفاً من الناحية الهيكلية. وأكثر من ثلث الأمريكيين في المناطق الريفية مازالوا يفتقرون إلى الاتصالات العالية السرعة، وفقاً للجنة الاتصالات الفيدرالية. انظر:

Peter Martin and Keith Laing. 'Biden Starts Infrastructure Bet with US Far Behind China.' *Bloomberg*, March 22, 2021.

يستحضر بايدن القيم والاختلافات الأيديولوجية مع الصين[66] أيْ الديمقراطية مقابل الأوتوقراطية[67]، غير أن استحضار هذه الاختلافات يجعل إدارة بايدن تخاطر بإطالة الخلاف والتباين مع الصين، الأمر الذي لا يخدم المصالح الأمريكية بالضرورة. وقد ظلت دائماً فكرة الأيديولوجيا عاملاً حاسماً عندما لا يكون الأمر مجرد مسألة علاقات ثنائية، وإذا بقيت داخل المجال الثنائي يمكن وصفها بأنها اختلاف أيديولوجي فقط. ولكن عندما تكتسب الأيديولوجيا طيفاً أوسع من الدول التابعة المتحالفة وتؤثر في بعض جوانب الأنظمة الإقليمية أو العالمية، فقد تتحوّل إلى مواجهة شاملة وتصبح على قدر كبير من الخطورة. كان كل من الولايات المتحدة الأمريكية والاتحاد السوفيتي يقود تكتّلاً من الدول التابعة المصنّفة أيديولوجياً، ولكن لا يوجد اليوم سوى القليل من الدول التي تميل إلى "اختيار" الولايات المتحدة الأمريكية أو الصين ايدولوجياً، حتى تلك الدول التي تشعر بالقلق من الطموحات الصينية في منطقة آسيا والمحيط الهادي. فكما تُظهر اليابان والهند، تعمل العديد من الدول على تعزيز علاقاتها الدبلوماسية والعسكرية

---

66. A short piece written on this by Derek Grossman. 'Biden Should Consider Downsides of Stressing National Values in Indo-Pacific.' *Nikkei Asia*, May 3, 2021.

67. ذكر بايدن في خطابه أنه أخبر الرئيس الصيني أن "الأمريكيين يقدّرون فكرة الحرية وحقوق الإنسان، ولا نكون دائماً عند حسن توقعاتنا، ولكن هذا نظام قيم، وقد قامت الولايات المتحدة الأمريكية على هذا المبدأ. ومادمت أنت وبلدك تواصلان انتهاك حقوق الإنسان بهذه الطريقة السافرة، فسوف نستمر بكل قوة في لفت انتباه العالم وتوضيح ما يحدث".

مع واشنطن وفي الوقت نفسه على تقوية علاقاتها التجارية والاستثمارية مع بكين، ومن المستبعد أن تشارك في أي مسعى لكبح الصين[68].

يستخدم بايدن الديمقراطية وحقوق الإنسان والقيم الأمريكية لينتقد الصين، ويجتذب الحلفاء الغربيين في الوقت نفسه من أجل إظهار هيمنة القيادة العالمية الغربية ومن ثَمّ تبريرها، وقد تجاوز العالم حالة التقييم الذاتي الغربي هذه منذ وقت بعيد. ويصف ستيفن والت هذا بأنه التركيز الأمريكي على "السمات الداخلية للخصوم: أيديولوجيتهم الحاكمة أو مؤسساتهم المحلية أو شخصيات قادة بعينهم"[69]. ويقول والت إن هذه النزعة لها تاريخ طويل في

---

68. استحضر مسؤولو إدارة ترامب مفاهيم الاختلافات الأيديولوجية. ويؤكد مستشار الأمن الوطني إتش آر ماكماستر أن الصين تشكل تهديداً "لأن قادتها يروجون لنموذج استبدادي منغلق كبديل للحكم الديمقراطي واقتصاد السوق الحرة". ومن وجهة نظر وزير الخارجية مايك بومبيو، تدهورت العلاقات لأننا أمام "حزب شيوعي صيني يختلف اليوم عمّا كان عليه قبل 10 سنوات. فهذا حزب شيوعي صيني أصبح عازماً على تدمير الأفكار الغربية والديمقراطيات الغربية والقيم الغربية". ووفقاً للسناتور ماركو روبيو، فإن "سلطة الحزب الشيوعي الصيني لا تخدم أي غرض سوى تعزيز حكم الحزب وبسط نفوذه في جميع أنحاء العالم. إن الصين شريك غير جدير بالثقة في أي مسعى، سواء أكان مشروعاً وطنياً، أم مشروعاً صناعياً أم تكاملاً مالياً". وقال نائب الرئيس، مايك بينس، إن الطريقة الوحيدة لتفادي النزاع هي أن "يغيِّر حكّام الصين المسار ويعودوا إلى روح الإصلاح والانفتاح والمزيد من الحرية". انظر:

https://www.wsj.com/articles/whatsbidens-china-policy-it-looks-a-lot-like-trumps-11599759286.

69. Stephen M. Walt. 'Everyone Misunderstands the Reason the US-China Cold War,' *Foreign Policy*, June 30, 2020. https://foreignpolicy.com/2020/06/30/china-united-states-new-cold-war-foreign-policy/.

الولايات المتحدة الأمريكية[70]. مع ذلك، فإن إثارة مفاهيم الاختلاف باستخدام تايوان أو هونغ كونغ أو شين جيانغ كأداة من أدوات السياسة الخارجية الأمريكية أشد خطورة بكثير على الولايات المتحدة الأمريكية منها على الصين. فهذه المناطق (شين جيانغ وهونغ كونغ وتايوان) لا تمثل حالياً صراعاً جوهرياً على الصعيد الدولي، وليست مرشحة لأن تصبح محل نزاع عالمي. ولا يمكن لإدارة بايدن أن تفعل أكثر من فرض عقوبات على المسؤولين الصينيين أو على الشركات الصينية، وهي عقوبات لا تعدو كونها رمزية لا تؤثر في القضايا الجوهرية القائمة بين واشنطن وبكين. وكما هو الحال اليوم، لا يتضمن خطاب بايدن العام أي تهديدات عسكرية للصين أو روسيا؛ ما يشكل أرضية للحوار، وفقاً للمعايير الدبلوماسية.

أصبح بايدن أول رئيس أمريكي، منذ عام 1978، يستضيف المبعوث التايواني في حفل تنصيبه. فقد أعلنت إدارته في إبريل عن تخفيف القيود المفروضة، منذ عقود، على الاتصالات الرسمية الأمريكية مع الحكومة التايوانية. ولكن ما يشجعني على القول بأن هذه التحركات ستظل محدودة هو أن الاهتمام

---

70. في بداية الحرب الباردة، استحضر والت المقال السيئ الصيت، "X" الذي كتبه جورج كينان "**مصادر السلوك السوفيتي**"، الذي يقول فيه: إن لدى موسكو دافعاً داخلياً ملحاً للتوسع تحركه الحاجة إلى أعداء خارجيين لتبرير حكم الحزب الشيوعي الاستبدادي. ويرى أن الاسترضاء لن ينجح، وأن الخيار الوحيد هو كبح الاتحاد السوفيتي حتى يلين نظامه الداخلي. ومؤخراً، حمّل القادة الأمريكيون طموحات صدام حسين الشريرة المتهورة مسؤولية المشاكل الأمريكية مع العراق. انظر، https://www.chinafile.com/conversation/beginning-of-new-cold-war

الأمريكي بتايوان ليس ناجماً عن أي قلق عميق تجاه عدوان صيني مزعوم. وبدلاً من ذلك، كما يرى رايان هاس، يظهر الأمريكيون "أكثر حماسة اليوم بكثير ويتطلعون إلى لعب ورقة تايوان بسبب الديناميكية السياسية الحزبية الأمريكية وليس بسبب تصرفات أي زعيم حتى لو كان مؤيداً بشكل صريح للاستقلال في تايبيه، "وهذا لا ينطبق على الرئيسة تساي إنغ ون"[71].

وعلى الرغم من شعار "لقد عادت أمريكا" المبكِّر، وتحدي إدارته للصين، فسوف تبقى سياسة بايدن المتعلقة بتايوان محصورة في إطار السياسة السائدة والمتفق عليها منذ بداية العلاقات الدبلوماسية الأمريكية مع الصين. وحتى الآن، أعلن بايدن عن خطة البناء الأمريكية بقيمة تتجاوز تريليونيْ دولار، وهي خطة مصممة لبناء البنية التحتية الأمريكية. ولن تنجح هذه الخطة، أو لا يمكن تنفيذها، في ظل سيناريو نشوب حرب بشأن تايوان. لقد كانت إدارة بوش منهمكة في الحرب على الإرهاب، والتي كلفت الدولة أكثر من 7 تريليونات دولار تقريباً وصرفت الاهتمام عن بناء البنية التحتية الأمريكية أو إصلاحها. ولا يوجد خبير سلَّم بإمكانية فوز أي طرف، بما في ذلك تايوان، في أي حرب بشأن تايوان، ولن تتخذ الصين أي خطوة جذرية لغزو تايوان ما لم تُقْدِم تايوان على إعلان استقلالها.

71. https://www.brookings.edu/on-the-record/understanding-beijings-motivesregarding-taiwan-and-americas-role/. See also, Rayan Hass. https://www.noemamag.com/playing-the-china-card/.

لقد ظل الاستقرار في مضيق تايوان عاملاً مهماً في استقرار المنطقة بأسرها، ويبدو أن وضع تايوان الحالي مُرضٍ لجميع الأطراف. ومن المرجح، في حالة اندلاع حرب بين القوى العظمى، أن يؤدي ذلك إلى ركود عالمي، إن لم يكن كساداً، وسيعطّل التجارة الآسيوية والدولية، ويقطع سلاسل التوريد الرئيسية، ويقوّض الأنظمة المالية الدولية[72]؛ وسيفرز هذا عواقب اقتصادية مؤلمة للغاية على حلفاء الولايات المتحدة الأمريكية، الذين يتاجرون مع الصين أكثر مما يتاجرون مع الولايات المتحدة الأمريكية. وفي هذا السياق، تقدّر إحدى الدراسات أن عاماً واحداً من النزاع بين الولايات المتحدة الأمريكية والصين يمكن أن يؤدي إلى انخفاض الناتج المحلي الإجمالي الأمريكي بنسبة 5 إلى 10% [73].

---

72. See Grant Newsham, 'Taiwan War: Global Economic, Psychological Damage,' *Asia Times*, January 16, 2020, http://asiatimes.com/2020/01/taiwan-war-globaleconomic-psychological-damage Cited in Robert D. Blackwill and Philip Zelikow. 'The United States, China, and Taiwan: A Strategy to Prevent War' *Council on Foreign Relations*, Council Special Report No. 90 February 2021, pp. 30-42, p. 64.

73. David D. Gompert, Astrid Stuth Cevallos, and Cristina L. Garafola, 'War with China' *Rand Corporation*, https://www.rand.org/pubs/research_reports/RR1140. html and Robert Farley, 'Forget North Korea: A War Between China and America Would Be a World War,' *National Interest*, December 29, 2017, http://nationalinterest.org/blog/the-buzz/forget-north-korea-war-between-chinaamerica-would-be-world-23862.

ستظل تايوان مسألة حاسمة في سياسة بايدن تجاه الصين، ولكن التسرع الذي انتهجه الأمريكيون في غزوهم العراق في عام 2003 يمكن أن يقدِّم درساً في ضرورة الانخراط في حوار مع الصين بالالتزام بسياسة الصين الواحدة القائمة من زمن طويل. وبصرف النظر عن زخم الإجماع بين الحزبين الجمهوري والديمقراطي في السياسة الأمريكية تجاه تايوان، فلدى إدارة بايدن ما يكفي من الخبرة ليثنيها عن إثارة حرب بشأن تايوان، كما أن العداء المحلي العنيف السائد في الوقت الراهن تجاه الجالية الآسيوية في الولايات المتحدة الأمريكية قد يُنذر بعواقب الانخراط في المزيد من الخطاب المتشدد تجاه الصين. ويعاني الأمريكيون ما يكفي من الانقسام، ويؤدي تزايد الخطاب العدائي تجاه الصين إلى المزيد من الانقسام. وسيكون تصاعد التفكير المتشدد تجاه الصين، خصوصاً مع اقترانه بالخوف، عاملاً مساعداً لترامب لكي يوسِّع قاعدته الشعبية ومن ثم يجد القبول في انتخابات 2024.

ليس أمام بايدن سوى خيارات محدودة، وقد تبنّى كثيراً من استراتيجيات ترامب الاقتصادية بشأن الصين، ولكنه اختار قضايا حقوق الإنسان، والأيديولوجيا، واختلاف النظام السياسي، والتركيز على القيم الغربية. ولا تأبه شركات؛ مثل: فولكس فاغن أو بي إم دبليو أو مرسيدس بنز أو آبّل، أو أيٍّ من الشركات الدولية العملاقة الأخرى، بطبيعة النظام السياسي الحاكم في الصين. وقد ظلت تزاول أعمالها في الصين طوال ما

يزيد على السنوات الأربعين الماضية. إنه سوء فهم لجوهر القضية أن يأتي بايدن في عام 2021 ويقتفي خطى مايك بومبيو، الذي حجّم الصين على أنها فقط "حزب شيوعي" مراراً. ومع ذلك، وكما كتب جون لوك، يوجد أيضاً بعض الأخبار السارة: "من يحكم على أمرٍ من دون معرفة تفاصيله إلى أقصى حد، ممكن، لابد أن يشوب حكمه الخطأ"[74].

---

74. Cited in Robert D. Blackwill and Philip Zelikow, 'The United States, China, and Taiwan: A Strategy to Prevent War'; John Culver and Rayan Hass, 'Understanding Beijing's Motives Regarding Taiwan, and America's Role.'

خاتمة

كانت العلاقات الصينية-الأمريكية، حتى وقت قريب، تقوم على إضفاء طابع الأحادية في فهم الصين. وبينما تبرزها الولايات المتحدة على أنها خطر على المجتمع الدولي، فإنها في الوقت نفسه تقلل من شأن صعودها مفاهيمياً، وتقوم بالتشهير بتقدمها على جميع المستويات. وقد أنجزت الولايات المتحدة الأمريكية الكثير في علاقتها مع الصين، من خلال رؤية أمريكية عن الصين وليس من خلال سياسة أمريكية. إذ إن السياسة الأمريكية تجاه الصين تلازم الإنتاج المعرفي السياسي والاقتصادي في الداخل الأمريكي عن الصين. وللمؤسسات الأمريكية المنتجة للمعرفة دور كبير في تأطير الصين بما يتماشى مع نظرة الولايات المتحدة لنفسها ولغيرها في إطار إصرارها على أنها هي القوة العظمى الوحيدة. ومن المشاكل التي واجهت وتواجه الصين في تعاملها مع الولايات المتحدة أن الصين اعتمدت سياسة "تجنُّب جذب الانتباه"، التي تقبّلت وضع الهيمنة الأمريكية وأقرّت بالولايات المتحدة الأمريكية بوصفها القوة العظمى الوحيدة. ولكن سياسة "تجنُّب لفت الانتباه" تحوّلت، بمرور الوقت، من كونها سياسة إلى "فكرة" سائدة وضعت الصين نفسها في المقام الثاني بعد الولايات المتحدة. وليس لهذا علاقة بقوة الدولتين الاقتصادية، بل له علاقة تراتبية فيمن هو الأول أو من هو المقرر الأول في النظام الدولي.

بدأ هذا الوضع يتغيّر عندما أصبح الصينيون على وعي بأن سياسات ترامب تجاه الصين قد تحوّلت من إنتاج المعرفة إلى هيمنة الأداء السياسي تجاهها،

ولكن سياسات الضغط الأقصى التي انتهجها دفعت الصين إلى التصدي لها. وأتيحت للصين فرصة لفرض عقوبات ورسوم جمركية ضد الولايات المتحدة على أسس متكافئة. وبهذا الرد، تبدأ الصين الانفلات من خطاب الهيمنة الأمريكي تدريجياً، الأمر الذي جعل الولايات المتحدة تقدّم نفسها على أنها ضحية، وذهب بايدن بعيداً في هذا ليكرر قوله إن الصين دولة معتدية، وإنها "تأكل غداء الأمريكيين".

جاء بايدن إلى الحكم رافعاً شعار "لقد عادت أمريكا"، وتتمثل المشكلة التي يواجهها بايدن في أن أمريكا بدأت تعود في وقت فيه خياراتها أقل. ويسعى بايدن إلى العمل مع حلفاء وأصدقاء واشنطن في الوقت الذي يتربط فيه هؤلاء بعلاقات اقتصادية مع الصين. ويستخدم بايدن ورقة الأيديولوجيا وتشابه التفكير (الليبرالي) في وقت جعل فيه وباء "كوفيد-19" تلك ورقة أمراً عقيماً لا طائل من ورائه. وتكابد الدول من أجل التعافي من التداعيات الخطيرة التي خلّفها الوباء، وليس لدى كثير منها الوقت والموارد لكي تهتم بالأيديولوجيا. ورهان بايدن الأفضل هو بناء البنية التحتية الأمريكية المتهالكة، ولكن هذا المشروع يتطلب وقتاً طويلاً، وربما ينهي بايدن فترة رئاسته من دون إنجاز الكثير منه، بالنظر إلى أن ترامب في سيناريو مشابه كان قد اقترح في المرحلة المبكرة من رئاسته خطة بقيمة ترليون دولار لبناء البنية التحتية، ولم تتم الموافقة عليها.

تعتمد خيارات بايدن العسكرية تجاه الصين على ما إذا كانت الصين ستغزو تايوان أم لا، ولم تغزُ الصين تايوان طوال السنوات السبعين الماضية. إن

التشجيع الأمريكي لتايوان مؤخراً على أن تكون أكثر عدوانية لهُو أشد خطورة مما قد يظن دعاة الحرب الأمريكيون. لقد غزت الولايات المتحدة الأمريكية أفغانستان والعراق وانتهت إلى التفاوض مع طالبان، وفي وقت كتابة هذه الورقة، بدأت حركة طالبان تعود إلى الظهور، وانتشرت التنظيمات الإرهابية في منطقة الشرق الأوسط. قد نفهم العوائق التي يواجهها بايدن في محاولته التصدي للصين. وقد قدَّم جوناثان هيلمان أفضل توضيح لهذا بقوله "بدأت الولايات المتحدة الأمريكية تدخل فيما يمكن أن يكون منافسة قد تمتد لعقود، وستكون فيها القوة الاقتصادية والتكنولوجية لا تقل أهمية - إن لم تكن أهم - عن القوة العسكرية، والشروع في هذا السباق ببنية تحتية بالية أشبه بالاصطفاف للمشاركة في سباق ماراثون بكاحل مكسور"[75].

75. Cited in Wang Weili. 'Biden's $2.3 trillion jobs plan triggers hot debate.' *Global China Daily*, April 8, 2021.

المراجع

الكتب

- Allison, G., (2017), Destined for War, Can America and China Escape Thucydides's Trap. (Boston, MA: Houghton Mifflin Harcourt).

- Chhabra, T. et. al. (2021). Global China: Assessing China's Growing Role in the World, (Brookings Institution Press.)

- Giegerich, B., Terhalle, M., (2021), The Responsibility to Defend: Rethinking Germany's Strategic Culture, (Routledge).

- Haikal, F., (2020), "Limits of Change in The Post-COVID World Order," in Covid-19: Toward Reviving Economies & New Normal Development Strategies, (Abu Dhabi: Trends Research Organization).

- Hunt, M., (1983), The making of a special relationship: The United States and China to 1914. (New York: Columbia University Press).

- Mearsheimer, J., (2001), The Tragedy of Power Politics. New York: W. W. Norton).

- Aldalala'a, Nath. 2020. 'End of Liberal Triumphalism: A Perspective on China in the Post-Covid Global Order.' (Trends Research Organization, Strategic Trends (1), First Edition.

- Aldrich, John, Jie. Lu, & Liu. Kang, 2014, 'How Do Americans View the Rising China?' Journal of Contemporary China.

- Blackwill, R.D., & Zelikow. P., 2021. 'The United States, China, and Taiwan: A Strategy to Prevent War,' Council on Foreign Relations, Council Special Report No. 90 February, 30-42.

- Blustein, P., 2019. 'The Untold Story of How George W. Bush Lost China.' Foreign Policy, October 02.

- Boylan, B. M., et al. 2021, 'US-China Relations: Nationalism, the Trade War, and Covid19.' Fudan Journal of the Humanities and Social Sciences, 14:23–40.

- Buzan, B., Cox. M. 2013. 'China and the US: Comparable Cases of 'Peaceful Rise'? 'The Chinese Journal of International Politics, Volume 6, Issue 2, 109–132.

- Cox, M., 2001. 'Whatever Happened to American Decline? International Relations and the New United States Hegemony.' New Political Economy, 6(3), 311–40.

- Cox, M., 2012. 'Power Shifts, Economic Change and the Decline of the West?' International Relations 26(4), 369–388.

- Feng, Y., 'The Peaceful Transition of Power from the UK to the US.' Chinese Journal of International Politics, Vol. 1, No. 1 (2006), 83–108.

- Fravel, M. T., 2010. 'International Relations Theory and China's Rise: Assessing China's Potential for Territorial Expansion.' International Studies Review (2010) 12, 505–532.

- Goldstein, A., 2020. US-China Rivalry in the twenty-first century: Déjà vu and Cold War II. China International Strategy Review, 2:48–62.

- Grossman, D., 2021. 'Biden Should Consider Downsides of Stressing National Values in Indo-Pacific.' Nikkei Asia, May 3.

- Hass, R, & Denmark. A., 2020. 'More pain than gain: How the US-China Trade War hurt America.' Brookings, August 7.

- Jie, D. 2020. The emerging ideological security dilemma between China and the US, Int. Strategy Rev. 2, 184–196.

- Kirshner, J., 2010. 'The tragedy of offensive realism: Classical realism and the rise of China.' European Journal of International Relations, 18 (1), 53-75.

- Leonard, J., 2020. 'Donald Trump's Final China Scorecard: A Story of Many Defeats, and One Big Change. 'Bloomberg, October 30.

- Liu, K., 2015. 'Interests, Values, and Geopolitics: The Global Public Opinion on China.' European Review, Volume 23, May, 242-260.

- Lowsen, B., 2021. 'The Trump Administration's Final China Push.' The Diplomat, January 22.

- Mearsheimer, J., 2010. 'The Gathering Storm: China's Challenge to US Power in Asia.' The Chinese Journal of International Politics, Vol. 3,381-396.

- Newsham, G., 2020. "Taiwan War: Global Economic, Psychological Damage," Asia Times, January 16.

- Stiglitz, J. E., 2018. "Rethinking Globalization in the Trump Era: US-China Relations," Frontiers of Economics in China, Higher Education Press, vol. June, 13(2), pp.133-146.

- Walt, S. M., 2020. 'Everyone Misunderstands the Reason the US-China Cold War,' Foreign Policy, June 30.

- Wang, W., 2021. 'Biden's $2.3 trillion jobs plan triggers hot debate.' Global China Daily, April 8.

- Yan, X., 2014. 'From Keeping Low Profile to Striving for Achievement,' The Chinese Journal of International Politics, Volume 7, Issue 2, summer, 153–184.

- Zhang, Y., 2019. "全球经济治理体系的瓦解、重构和新创" [Disintegration, Reconstruction, and Innovation of Global Economic Governance System], Shijie zhengzhi yanjiu [World Politics Studies], no.1:1–4.

- Zuo, X., 2021. The Trump Effect: China's New Thoughts on the United States, The Washington Quarterly, 44:1, 107-127.

نبذة عن المؤلف

حصل الدكتور نذير الدلالعة على دكتوراه في العلاقات الدولية، ودكتوراه في الأدب الإنجليزي والدراسات الثقافية. وتشمل اهتماماته البحثية تَمثُّل الخطاب، والسياسة الخارجية الأمريكية في الشرق الأوسط، والعلاقات الصينية الشرق أوسطية، والحوكمة الصينية الدولية. ويعمل الدكتور الدلالعة حالياً أستاذاً للعلاقات الدولية في جامعة شاندونغ في الصين.